Low Carb für Einsteiger

30-Tage-Challenge und 55 leckere Rezepte

Sarah Kaiser

Für Fragen und Anregungen:
info@vibrantlife.de

1.Auflage 2016
ISBN-13: 978-1535251600

Vibrant Life Publishing ist ein Verlag der Vibrant Life UG
Marktplatz 6
92670 Windischeschenbach

Weitere Informationen zum Verlag finden Sie unter
www.vibrantlife.de/publishing

INHALTSVERZEICHNIS

EINLEITUNG

Immer mehr Menschen möchten, sollten oder müssten abnehmen. Nie gab es dazu so viele Möglichkeiten, Angebote, Essenspläne wie in unserer heutigen Zeit. Diät-Coaches verdienen sich eine goldene Nase mit immer neuen Ratgebern, Programmen und Kalorienberechnungen. Und was ist? Wir werden immer dicker. 60% der Männer und 40% der Frauen gelten in Deutschland als übergewichtig. Haben Diäten und Abnehmprogramme also versagt?

In der Tat haben sich viele Diäten als nutzlos beziehungsweise sogar kontraproduktiv erwiesen. Ich erinnere nur an die Null-Diät und alle anderen Bemühungen, möglichst wenig Kalorien zu sich zu nehmen. Der gefürchtete Jojo-Effekt lässt in der Regel nicht lange auf sich warten, und schon beginnt der Kreislauf aus Hungern, Abnehmen, Essen und Wieder-Zunehmen auf's Neue.

Und doch gibt es einige wenige Ernährungsprogramme, die sozusagen „überlebt" haben. Die sich aus der Masse herausheben, weil sie tatsächlich funktionieren, auch von der Wissenschaft untermauert wurden und durch unzählige Erfolgsstories Bestätigung gefunden haben.

An der Spitze dieser „Ausnahmen" steht die Low Carb-Diät. Warum das so ist? Weil sie gesund ist, und weil sie wirklich funktioniert!

Ja, ich weiß – Sie glauben mir gerade nicht. Zu viele Diäten haben Sie bereits ausprobiert, eine Menge Geld und Nerven haben Sie verloren, unterm Strich aber kein einziges Kilogramm. Was soll ich Ihnen noch Neues erzählen?

Aber neugierig sind Sie ja doch, sonst hätten Sie mein Buch nicht gekauft; und den

Wunsch, endlich Ihr Traumgewicht zu erreichen, haben Sie auch noch lange nicht aufgegeben, richtig?

Machen Sie noch diesen einen Versuch – lesen Sie weiter und machen Sie Low Carb zu Ihrem neuen Lifestyle!

Vielleicht schreckt Sie auch der Gedanke an allzu viel Verzicht ab. Nie wieder Schokolade, nie wieder Kekse und Kuchen, nie wieder Pommes und Pasta? Aber auch für diese Angst gibt es gar keinen Grund! Ich werde Ihnen Rezepte vorstellen, bei denen Sie nicht hungern müssen, sondern im Gegenteil richtig schlemmen können. Sogar Kuchen und Kekse können Sie backen – mit Alternativen zum Zucker.

Sie werden gar nichts vermissen – versprochen! Probieren Sie es aus, Sie werden es nicht bereuen! Ich wünsche Ihnen ganz viel Spaß beim Lesen und Ausprobieren!

DIE GESCHICHTE DES LOW CARB

Auch wenn es uns so vorkommen mag, dass die Low Carb-Diät eine Modeerscheinung der letzten Jahre ist – Tatsache ist, diese Ernährungsform gibt es bereits seit über 200 Jahren. Die erste bekannte Low Carb-Diät wurde im Jahr 1863 unter den Bezeichnungen „Harvey Banting Diät“ oder einfach nur „Banting Diät“ von einem gewissen William Banting veröffentlicht.

Es hätte nicht viel gefehlt, dass dieser Mann, der interessanterweise ein Sargtischler war, sich seine eigene letzte Kammer hätte schreinern müssen. Er litt an extremer Fettleibigkeit, die nicht ohne Folgen für seine Gesundheit blieb und suchte deshalb einen Arzt nach dem anderen auf – jedoch ohne Erfolg. Im Gegenteil – sein Zustand verschlechterte sich weiter, und sowohl seine Seh- als auch seine Hörfähigkeit verringerten sich deutlich.

Schließlich geriet er an den Hals- Nasen- und Ohrenspezialisten Dr. Harvey, der Bantings Leibesfülle als Ursache für dessen gesundheitliche Probleme verantwortlich machte. Harvey hatte nämlich während seines Studiums in Paris herausgefunden, dass es einen Zusammenhang zwischen Fettleibigkeit und Diabetes gibt und daraus geschlussfolgert, dass dieser Krankheit doch beizukommen sein müsste, indem man weniger Stärke und Zucker, dafür mehr Protein und Fett in Form von Fleisch, Fisch und Gemüse zu sich nimmt.

Also erstellte er für seinen Patienten William Banting einen Ernährungsplan, der seiner Zeit weit voraus war. Herr Banting verzichtete ab sofort auf Nahrungsmittel, die viel Stärke oder Zucker enthielten, aß dafür aber jede Menge Fleisch und Gemüse. Nach einem Jahr hatte er sage und schreibe 46 Pfund abgenommen! Und das Tolle war – er empfand seine neue Ernährungsweise nicht einmal als Verzicht, er liebte ja das Essen, und dieses schmeckte ihm noch immer gut! Auch seine gesundheitlichen Probleme hatten – wie er selbst – stark abgenommen bzw. waren sogar völlig verschwunden.

William Banting war so überglücklich über seine Gewichtsabnahme und Gesundung, dass er die von Dr. Harvey verabreichte Diät veröffentlichte. Er wollte die

Vorteile dieser gesunden Ernährungsform so vielen Menschen wie möglich zugänglich machen. Und die Resonanz war überwältigend! Banting erreichten schon bald zahlreiche Briefe über Erfolgsgeschichten von Menschen, die ebenfalls dieser Diät gefolgt waren und beachtliche Erfolge bei der Gewichtsreduzierung und auch Heilung diverser Krankheiten erzielt hatten.

Bald darauf wurde die Low Carb-Theorie von dem deutschen Arzt Dr. Neimeyer gestützt und bestätigt. Dr. Neimeyer vertrat die Auffassung, dass sich Eiweiße nicht in Körperfett verwandeln können, Zucker und Stärke aber schon. Zu diesem Zeitpunkt wurde die Low Carb-Diät sehr populär, und vielen Menschen konnte damit sehr geholfen werden.

Der Ernährungsplan nach Banting und Neimeyer hat sich bis heute nicht wesentlich geändert. Es wird darin zu vier Mahlzeiten pro Tag geraten, und es wird empfohlen, auf Brot, Milch, Bier, Zucker und Kartoffeln weitgehend zu verzichten, dafür viel Gemüse, Fleisch und Fisch zu essen. Was das Gemüse betrifft, empfahlen Neimeyer und Banting, eher das zu verzehren, was außerhalb der Erde wächst, also beispielsweise Tomaten, Brokkoli, Blumenkohl, Spinat, Auberginen oder Zucchini. Vorsicht ist geboten bei Wurzelgemüse wie Rüben, Karotten, Kohlrabi oder Pastinaken, diese

enthalten noch immer verhältnismäßig viel Stärke.

Wie gesagt, hat sich vom Prinzip Low Carb in 200 Jahren nicht viel geändert, wenn wir auch heute ganz andere Nahrungsmittel zu uns nehmen, als es die Menschen im viktorianischen Zeitalter taten. Schauen Sie mal, wie ein Low Carb-Menü – über den Tag verteilt – Mitte bis Ende des 19. Jahrhunderts aussah:

Viktorianisches Low Carb-Frühstück

- Eine große Tasse Tee ohne Milch und ohne Zucker
- 120 bis 150g gebratener Fisch oder Nierchen oder Lammfleisch, Speck oder auch alle anderen Arten von Fleisch. (Ausnahme: Schwein, denn damals vertrat man die Auffassung, Schwein enthalte zu viel Stärke)
- Ein kleiner Keks

Viktorianisches Low Carb-Mittagessen

- 150 bis 200g Fisch (außer Lachs) oder auch Fleisch (außer Schwein)
- Beliebig Gemüse (keine Kartoffeln)
- Ein Toast, dazu Geflügel oder Wild
- 2 bis 3 Gläser Rotwein, Sherry oder Portwein

Tea Time

- Eine Tasse Tee ohne Zucker und ohne Milch
- Ein oder zwei Stück Zwieback
- 50 bis 80g Obst

Viktorianisches Low Carb-Abendessen

- etwa 100g Fleisch oder Fisch (ähnlich wie zum Mittagessen)
- 1 bis 2 Gläser Rotwein

Nicht ganz so wie in unserer Zeit, vor allem sehr fleisch-lastig, aber doch interessant, so etwas einmal zu lesen, wie ich finde. Und – die Grundlagen sind noch immer dieselben. Viel Fleisch, viel Fisch, viel Gemüse, dafür Zurückhaltung bei Kartoffeln, Reis und Brot, besonders bei Weißbrot. Bantings Diät wurde im Laufe der Jahre immer mehr verändert und modifiziert und kam irgendwann aus der Mode. Dies geschah vor allem aufgrund der Tatsache, dass irgendwann der Slogan "Fett macht fett" aufkam, und man dem Fett die Hauptschuld an Übergewicht und allen möglichen Krankheiten gab. Worauf man Fett aus den Nahrungsmitteln und den Diätplänen verbannte, mit dem Ergebnis, dass die Menschen – vor allem in Europa und Nordamerika – immer dicker wurden.

Erst vor etwa einem halben Jahrhundert erlebte die Low Carb-Ernährungsmethode ein Revival. Und das haben wir vor allem Dr. Robert Atkins zu verdanken, der in den 1960er Jahren begann, übergewichtigen Patienten eine Diät, bestehend aus viel Fleisch, Fisch, Meeresfrüchten, Obst und Gemüse, zu empfehlen. Im Jahr 1972 veröffentlichte er sein Buch "*Dr. Atkins Diet Revolution*". Aber auch Atkins musste mit viel Kritik leben, da seine Diät neben viel Eiweiß auch recht viel Fett enthielt. So kam auch die Atkins-Diät zunächst einmal wieder aus der Mode.

Aber nicht für allzu lange, denn kurz danach kamen zwei neue Ernährungsprogramme auf den Markt. Und zwar handelte es sich hierbei um die Paleo-Diät – auch als Steinzeit-Diät bekannt – und die Scarsdale-Diät. Die Paleo-Diät ahmt im Prinzip das Essverhalten unserer Vorfahren in der Steinzeit nach. Diese waren als Jäger und Sammler unterwegs und ernährten sich von Eiweiß und Fett, enthalten im erjagten Wild und im Obst und Gemüse, das sich bereits damals auf unserem Planeten befand. Dinge wie Reis, Kartoffeln und Nudeln ohnehin waren damals ja noch unbekannt. Verarbeitete Lebensmittel sowieso. Anhänger der Paleo-Diät vertreten nun die Auffassung, dass unser Körper noch immer auf die Ernährungsweise der Steinzeit programmiert ist. Viele Menschen stellten fest, dass dieses Programm sehr gut und schnell funktioniert, und so fand sie rasch viele Anhänger.

Auch die Scarsdale-Diät erfreute sich bald großer Beliebtheit. Sie verläuft in zwei Phasen. In den ersten 14 Tagen darf man nur ganz bestimmte Lebensmittel zu sich nehmen, wobei Kohlenhydrate im Prinzip auf Null reduziert sind. Nach diesen 2 Wochen kommen dann einige neue Nahrungsmittel dazu. Die Scarsdale-Diät ist sehr streng, man darf nur 700 kcal täglich zu sich nehmen. Nachteil dieses Programms: Man reduziert sehr schnell Gewicht, allerdings handelt es sich hierbei fast nur um Wasser, nicht aber um Fett. Was leider bedeutet, dass man die verlorenen Kilos nur allzu schnell wieder auf den Hüften hat.

Die Atkins-Diät hingegen erlebte in den 1990er und 2000er Jahren ein Comeback. Atkins veröffentlichte erneut ein Buch, und zwar mit dem Titel "*Dr. Atkins New Diet Revolution*". Besonders in den USA erlebte diese Ernährungsform einen großen Aufschwung. Trotzdem gab es noch immer zahlreiche Kritiker.

Auch die Atkins-Diät verläuft in mehreren Phasen, und zwar in vier. In Phase I sind täglich 20 Gramm Kohlenhydrate erlaubt, vorzugsweise von Gemüse. Empfohlen werden drei Mahlzeiten und zwei Snacks täglich. Atkins sieht vor, dass man nicht hungern muss, weil Hungern oder Fasten meist Heißhunger nach sich zieht und zur Folge hat, dass man zu viel isst. Deshalb sollten die Pausen zwischen den Mahlzeiten nie länger als 3 – 4 Stunden betragen. In Phase

2 werden neue Lebensmittel zu dem Plan hinzugefügt, und die Gewichtsabnahme sollte sich auf 2 – 3 Pfund pro Woche eingepegelt haben.

In Phase 3 dürfen wieder in moderater Menge Kohlenhydrate gegessen werden, z.B. in Form von Kartoffeln oder dunklem Brot. Die Idee dahinter ist unter anderem, herauszufinden, wie viele Kohlenhydrate man wieder "verträgt", ohne erneut an Gewicht zuzulegen. Phase 4 ist sozusagen der Rest des Lebens. Das bedeutet, dieser Lebensstil wird lebenslang beibehalten. Ziel ist, das Gewicht zu halten. Jeder wird selbst herausfinden, wie viele Kohlenhydrate und in welcher Form er in die Ernährung integrieren kann, ohne erneut zuzunehmen. Das Prinzip bleibt nach wie vor: viel Obst, Gemüse, Fisch und Fleisch, nur in Ausnahmen Reis, Nudeln und Kartoffeln.

Die Atkins-Diät ist sehr beliebt, unter anderem unter den Stars und Sternchen von Hollywood, wo viele sich Low Carb zum Lebensstil gemacht haben. Viele Erfolgsstories zeigen, dass diese Ernährungsform tatsächlich funktioniert und zu einer dauerhaften stabilen Gewichtsabnahme führt.

KOHLENHYDRATE – DIE WAHREN ÜBELTÄTER

Wie bereits in Kapitel 1 kurz angerissen, vertraten Ernährungswissenschaftler lange Zeit die Ansicht, Hauptursache für Übergewicht seien die Fette in der Nahrung. „Fett macht fett" war ein weitverbreiteter Slogan von den 1970er bis in die 2000er Jahre. Bis heute hat sich diese Annahme gehalten, obwohl sie längst widerlegt worden ist. Low Fat-Diäten schossen wie Pilze aus dem Boden. Light-Produkte eroberten die Regale der Supermärkte. Fette werden z.B. bei den Weight Watchers so gut wie vollständig aus dem Speiseplan verbannt, während bei Kartoffeln, Nudeln und Reis herzhaft zugegriffen werden darf. Fett wird in sogenannte „Points" umgerechnet, und diese Points werden akribisch gezählt, und davon wird man schlank. Glaubt man. Die Wahrheit ist, wir haben immer mehr Fett von unseren Tellern verbannt, wurden aber trotzdem immer dicker.

Je mehr Fett aus den Nahrungsmitteln verschwand, umso mehr Zucker kam hinzu. Fett ist ein Geschmacksträger und wird in Light-Produkten durch mehr Zucker ersetzt. Damit ist ein solches Produkt ein echter Dickmacher. Es gibt kaum ein verarbeitetes Lebensmittel, das nicht mit Zucker angereichert ist. Fast überall sind versteckte Zucker enthalten, und schon lange nicht mehr nur in Bonbons, Keksen, Limonaden & Co. Auch Tomatenketchup und andere Fertigsaucen, Fruchtjoghurts und Müsli sind wahre Zuckerbomben. Ein Glas Orangensaft enthält 20g Zucker, wussten Sie das?

Die Lebensmittelindustrie hält hartnäckig daran fest, möglichst vielen Nahrungsmitteln Zucker zuzusetzen, obwohl wir längst wissen, dass die Hauptursache für Übergewicht nicht das lange Zeit so geschmähte Fett ist, sondern vielmehr Kohlenhydrate, und hier insbesondere weißes Mehl und weißer Zucker – sogenannte „leere“ Kalorien.

Was sind „leere“ Kalorien? Leere Kalorien sind in solchen Nahrungsmitteln wie Weißzucker und Weißmehl enthalten. Diese liefern viel Energie, aber kaum Nährstoffe und gelten als die schlimmsten Dickmacher.

Vertreter der Low Carb-Theorie gehen davon aus, dass vor allem eine zu schnelle und zu starke Ausschüttung des Hormons Insulin für eine Zunahme an Gewicht verantwortlich ist. Insulin spielt eine entscheidende Rolle in der Umwandlung von Kohlenhydraten in Energie. Deshalb sind die wahren „Bösewichte“, also die Verantwortlichen für Übergewicht, die Kohlenhydrate und nicht die Fette. Wie dies genau funktioniert – das erfahren wir im nächsten Kapitel.

WAS IST LOW CARB, UND WIE FUNKTIONIERT ES?

Low Carb kommt aus dem Englischen und bedeutet „wenig Kohlenhydrate“ (low = niedrig; carb = Kohlenhydrat). Bei einer Low Carb-Diät wird die Aufnahme von stärkehaltigen Kohlenhydraten und Zucker eingeschränkt, während bei Eiweiß, Fett und ballaststoffreichen Kohlenhydraten beherzt zugegriffen werden darf. Letztere sind beispielsweise viel in Blattgemüsen enthalten, welche oberhalb des Bodens wachsen. Wurzelgemüse wie Karotten, Kartoffeln oder Rüben enthalten viel Stärke und Zucker – hier ist deshalb Vorsicht geboten.

Was aber sind eigentlich Kohlenhydrate, und was bewirken sie? Kohlenhydrate sind die Hauptenergieträger in unserem Körper. Genau genommen sind sie Zucker – und zwar können sie in Form von Vielfachzuckern (Polysacchariden), Mehrfachzuckern (Oligosacchariden), Zweifachzuckern (Disacchariden) und Einfachzuckern (Monosacchariden) vorkommen. Einfachzucker sind, wie der Name schon verrät, die einfachsten Kohlenhydrate, sie bestehen aus einem einzigen Molekül. Einfachzucker kommen als Traubenzucker (Glukose) und Fruchtzucker (Fruktose) vor.

Zweifachzucker sind die Verbindung von zwei Einfachzuckermolekülen. Das süße weiße Pulver, nach dem so viele süchtig sind und das wir Haushaltszucker nennen, ist ein Zweifachzucker. Zu dieser Gruppe gehören auch z.B. Rohrzucker oder Milchzucker.

Mehrfachzucker bestehen aus drei bis neun Einfachzuckermolekülen. Mehrfachzucker finden wir in einigen Gemüsesorten, besonders in Hülsenfrüchten, wie Bohnen und Erbsen.

Vielfachzucker bestehen aus 10 oder mehr Einfachzuckermolekülen. Diese Zuckerform kommt vor allem vor in Stärke (enthalten in Kartoffeln, Mais, Getreide) und in Ballaststoffen. Ballaststoffe sind unverdauliche Kohlenhydrate, die aber wichtig für den Stoffwechsel sind, da sie die Verdauung ankurbeln und für eine ausgewogene Darmflora sorgen.

Egal, aus wie vielen Molekülen sie bestehen – eines ist allen Kohlenhydraten gemeinsam. Am Ende des Tages, sprich der Verdauung, sind sie alle Einfachzucker, denn sie werden im Laufe der Verdauung so lange aufgespalten, bis nur noch Glukose oder

Fruktose übrig ist. Je kleiner das Molekül, umso schneller wird es in den Einfachzucker verwandelt. Glukose und Fruktose braucht der menschliche Körper als Energieträger für Organe, Nerven, Muskeln, Knochen und das Gehirn – kurz, jede einzelne unserer Zellen benötigt Einfachzucker zur Energieversorgung. Bei Glukosemangel werden wir müde, schlapp und antriebslos, und es dauert nicht lange, da entsteht das Verlangen nach neuer Glukose.

Den Anteil an Glukose im Blut nennen wir Blutzuckerspiegel. Zweifachzucker wird deutlich schneller in Glukose aufgespalten als größere Zuckermoleküle und gelangt somit wesentlich schneller als solche ins Blut. Dies bedeutet, dass der Blutzuckerspiegel durch die Aufnahme von Ein- oder Zweifachzucker sehr schnell und stark ansteigt, aber ebenso schnell wieder sinkt, wodurch Verlangen nach mehr Kohlenhydraten entsteht.

Nun kommt das Hormon Insulin ins Spiel. Es wird in der Bauchspeicheldrüse gebildet und von dieser ausgeschüttet – mit dem Ziel, die Körperzellen zur Aufnahme der Glukose anzuregen und dadurch den Blutzuckerspiegel zu senken. Was passiert nun in den Körperzellen mit der Glukose? Das, was sie zur Gewinnung von Energie benötigen, wandeln sie auch in solche um, und der Rest wird in Form von Fettdepots gespeichert. Genau die Fettdepots, die die Hosen immer enger werden und den Zeiger der Waage immer weiter nach rechts wandern lassen.

Das folgende Diagramm zeigt das Auf und Ab des Insulinspiegels – einmal mit „normaler“, also kohlenhydratreicher Ernährung, und einmal mit der Low Carb-Ernährung.

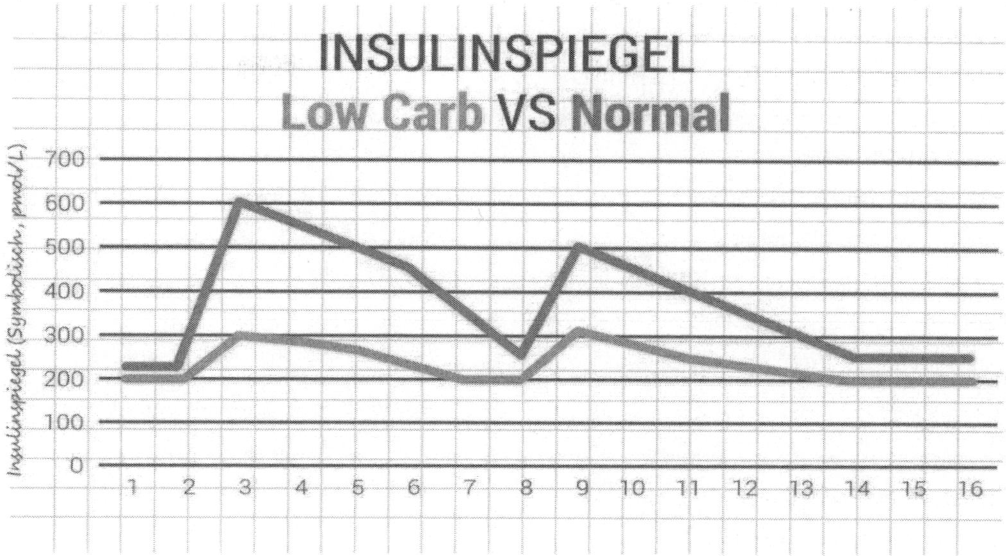

Aber nun einmal weg von den Kohlenhydraten und hin zu den anderen für den Stoffwechsel wichtigen Nährstoffen – den Fetten.

Wie funktioniert die Verdauung von Fett? Fette haben eine deutlich höhere Energiedichte als Kohlenhydrate. Das bedeutet übersetzt, Fette enthalten mehr Kalorien, was jahrelang zu der falschen Annahme führte, Fette sind in erster Linie für Übergewicht verantwortlich. Fakt ist jedoch, dass Fette trotz höherem Kaloriengehalt es dem Körper deutlich schwieriger machen, vom Körper in Energie umgewandelt zu werden.

Und genau hier setzt die Low Carb-Diät an! Ihr Prinzip ist, durch kohlenhydratarme Ernährung die Insulin-Ausschüttung möglichst niedrig zu halten, um die Energieversorgung des Körpers durch die Fette zu stimulieren. Dazu muss der Körper in die sogenannte Ketose kommen. Was ist das nun wieder? Ketose ist das Fremdwort für Hungerstoffwechsel, in den der Körper eintritt, wenn er sich längere Zeit im Hungerzustand befindet und damit gezwungen wird, statt Kohlenhydrate die schwieriger umzuwandelnden Fette zu verstoffwechseln. Den Zustand der Ketose kann man auch herbeiführen, indem man auf Kohlenhydrate entweder ganz verzichtet oder deren Zufuhr auf unter 50 g pro Tag reduziert, stattdessen jedoch reichlich Fette und Proteine zu sich nimmt.

Was geschieht nun? Sobald der Körper merkt, es kommt nicht genügend Glukose nach, um die Energieversorgung zu gewährleisten, beginnt er Fettsäuren zu verwerten. Dies geschieht, indem in der Leber aus

Nahrungsfetten, aber auch aus dem Körperfett sogenannte Ketonkörper gebildet werden. Hierbei handelt es sich um organische Verbindungen, die die Leber aus Fettsäuren herstellt; dieser Vorgang wird auch Ketogenese genannt.

Nun ist der Körper darauf umgestellt, sich die benötigte Energie aus dem Fett zu holen, was wunderbarerweise dazu führt, dass endlich überschüssiges Körperfett angegriffen wird, wodurch eine schnelle und gesunde Gewichtsabnahme erreicht wird. Und das ganz ohne Hungern, ohne Jojo-Effekt und ohne Heißhungerattacken auf Süßes!

Wie Sie den Weg zu dieser Stoffwechselveränderung erreichen – da gibt es mehrere Ansätze, die sich im Prinzip ähnlich sind. Bereits Dr. Atkins empfahl vor etwa 40 Jahren, die ersten 2 Wochen komplett auf Kohlenhydrate zu verzichten und sie anschließend nur in sehr geringen Mengen zu sich zu nehmen.

Wie können Sie nun berechnen, wie viele Kohlenhydrate Sie zu sich nehmen? Das ist eigentlich relativ einfach: Kalorien sind ja nichts weiter als ein Messwert von Energie, und alle drei Nährstoffe – also Kohlenhydrate, Fette und Proteine enthalten eine ganz bestimmte Anzahl an Kalorien. Bei Kohlenhydraten und Proteinen sind dies jeweils 4 kcal pro Gramm, bei Fetten sind es 9 kcal. Das bedeutet, Sie müssen die Kalorien durch 4 teilen, um die Menge an Kohlenhydraten in Gramm zu ermitteln.

Beispiel: Wenn Sie am Tag 400 kcal aus Kohlenhydraten zu sich nehmen, dann nehmen Sie damit 100 g Kohlenhydrate auf. Noch besser veranschaulichen kann Ihnen das dieser Link mit einer Berechnungstabelle:

http://www.naehrwertrechner.de

Wie viele Kohlenhydrate pro Tag Sie essen dürfen oder sollten, um eine erfolgreiche Gewichtsreduktion zu erreichen, lässt sich pauschal nicht sagen. Dazu spielen zahlreiche Faktoren eine Rolle, beispielsweise:

- Alter
- Geschlecht
- Körperbau
- Aktivitätslevel
- Stoffwechsel

Wenn Sie also viel Sport treiben, können Sie täglich mehr Kohlenhydrate essen als jemand, der sich nur sehr wenig bewegt. Die folgenden Richtlinien sind aber auf fast alle Menschen umsetzbar:

100 bis 150 g pro Tag

Wenn Sie Ihr Körpergewicht halten und dabei gesund bleiben wollen, empfiehlt sich eine tägliche Kohlenhydratzufuhr von 100 bis 150 g. Das bedeutet, Sie können beliebig

Gemüse essen, auch kohlenhydrathaltiges, eine kleine Menge Obst und ebenso eine kleine Menge an stärkehaltigen Kohlenhydraten, z.B. Reis oder Kartoffeln.

50 bis 100 g pro Tag

Wenn Sie kein starkes Übergewicht haben und nur wenige Kilos verlieren möchten, empfiehlt sich eine tägliche Kohlenhydratmenge von 50 bis 100 g pro Tag. Das bedeutet, Sie sollten wenig kohlenhydrathaltiges Gemüse essen, höchstens 2 Stück Obst und nur sehr wenig stärkehaltige Lebensmittel.

20 bis 50 g pro Tag

Wenn Sie viel abnehmen möchten, und das möglichst schnell, müssen Sie schnell und effizient Ihre Fettverbrennung ankurbeln. Dafür müssen Sie Ihre Kohlenhydrataufnahme auf unter 50 g pro Tag reduzieren. Dadurch gelangt Ihr Körper in den beschriebenen Zustand der Ketose, der ihn zwingt, die Fettreserven anzugreifen.

Für alle gilt: Low Carb heißt nicht No Carb. Dauerhaft überhaupt keine Kohlenhydrate aufzunehmen, ist ganz sicher keine gute Idee.

„Gute“ und „böse“ Lebensmittel

Im Folgenden möchte ich auflisten, was Sie bei einer Low Carb-Diät bedenkenlos essen dürfen, wo Sie vorsichtig sein müssen, und welche Lebensmittel tabu sind.

Diese Lebensmittel sind Zuckerbomben, ihr Verzehr sollte deshalb die absolute Ausnahme bleiben:

- Zuckerhaltige Süßigkeiten, wie Schokolade, Gummibärchen, Bonbons
- Zucker- und weißmehlhaltiges Gebäck, wie Kuchen, Kekse, Brot, v.a. Weißbrot
- Müsli
- Zuckerhaltige Getränke wie Limonade oder Cola
- Fast Food
- Alkoholische Getränke
- Verarbeitete Lebensmittel

Diese Lebensmittel enthalten ebenfalls recht viele Kohlenhydrate und sollten daher nur selten gegessen werden:

- Kartoffeln
- Reis
- Pasta
- Brot
- Hülsenfrüchte wie Bohnen und Erbsen
- Stärkehaltige Gemüse wie Karotten, Mais und Rüben

Diese Lebensmittel enthalten wenig bis keine Kohlenhydrate, hier können Sie nach Herzenslust zugreifen:

Gemüse

- Brokkoli
- Kopfsalat
- Gurken
- Tomaten
- Spinat
- alle Kohlsorten, z.B. Rotkohl, Weißkohl, Rosenkohl, Grünkohl, Blumenkohl
- Auberginen
- Zucchini
- Zwiebeln
- Sellerie
- Pilze

Fleisch, Fisch, Eier und Milchprodukte

- Eier
- Geflügel
- Fleisch vom Lamm, Rind, Schwein und Wild
- Fisch, z.B. Lachs, Sardinen, Aal, Kabeljau, Makrele, Heilbutt
- Meeresfrüchte, z.B. Hummer, Garnelen, Krebse, Muscheln
- Milch und Milchprodukte wie ungesüßter Joghurt und Käse

Nüsse und Samen

- Walnüsse
- Macadamianüsse
- Pecannüse
- Mandeln
- Haselnüsse
- Sonnenblumenkerne
- Kürbiskerne

Gewürze und Zutaten

- Olivenöl, am besten extra-nativ
- Erdnussöl
- Kokosöl
- Sesamöl
- Apfelweinessig
- Rotweinessig
- Sojasauce
- Senf
- Mayonnaise

Sonderfall: Obst

Dem Obst möchte ich einen eigenen Abschnitt widmen, da hier große Unterschiede hinsichtlich des Kohlenhydratgehalts bestehen. Viele Menschen denken, Obst ist ja auf jeden Fall gesund und eigentlich so gut wie kalorienfrei. Dem ist nicht so! Der Fruchtzuckergehalt in einigen Obstsorten ist nicht zu unterschätzen.

Dies sind die Früchte, die reich an Kohlenhydraten und daher mit großer Vorsicht zu genießen sind:

- Bananen
- Weintrauben
- Kirschen
- Äpfel
- Birnen
- Pflaumen

Bei diesen Früchten können Sie gern öfter zugreifen:

- Erdbeeren
- Heidelbeeren
- Himbeeren
- Mangos
- Papayas
- Pfirsiche
- Aprikosen
- Zitronen
- Orangen

Diese Low Carb-Pyramide veranschaulicht auf einen Blick, welche Lebensmittel „gut“ und welche „böse“ sind:

VORTEILE VON LOW CARB

Warum sollten Sie sich für die Low Carb-Ernährungsweise entscheiden? Sie bietet Ihnen sehr viele Vorteile – nicht nur für die Figur, sondern vor allem auch für die Gesundheit. In Studien wurde nachgewiesen, dass eine Ernährungsweise nach den Prinzipien von Low Carb für Diabetiker der beste Weg ist, ihren Blutzuckerspiegel im Gleichgewicht und ihr Gewicht unter Kontrolle zu halten. Wenn Sie an Diabetes leiden – besprechen Sie mit Ihrem Arzt einen optimalen Ernährungsplan. Die meisten Mediziner und Ernährungswissenschaftler empfehlen maximal 30 g Kohlenhydrate pro Mahlzeit.

Ein großer Vorteil von Low Carb und vielleicht der häufigste Grund, warum Menschen sich dafür entscheiden, ist der, dass man damit, ohne zu hungern relativ schnell Gewicht verlieren kann. Warum ist das so? Die Proteine kurbeln den Stoffwechsel an, und das Fett wird verbrannt und somit in Energie verwandelt. Und das Beste ist – durch den weitgehenden Verzicht auf Kohlenhydrate hält das Sättigungsgefühl wesentlich länger an. Sie bleiben also länger satt und essen weniger.

Vielen Übergewichtigen macht nicht nur ihre Körperfülle zu schaffen, sondern auch zahlreiche dadurch verursachte Krankheiten, wie die bereits erwähnte Diabetes, aber auch Herz-Kreislauf-Erkrankungen und erhöhter Blutdruck. Eine Studie hat kürzlich gezeigt, dass Bluthochdruck-Patienten, die eine Low Carb-Diät halten, deutlich öfter und schneller ihre Medikamente reduzieren können als solche mit einer Low Fat-Ernährungsweise. Und wenn der Blutdruck erst einmal niedriger wird, sinkt mit ihm auch das Risiko für einen Herzinfarkt, Schlaganfall und andere Krankheiten.

Kommen wir nun einmal zum Problem des Übergewichts – dem Körperfett. Fett ist nicht gleich Fett. Und es wird an unterschiedlichen Orten gespeichert – und der Ort der Fetteinlagerung gibt Aufschluss über die Gesundheitsrisiken, die er mit sich bringt. Wir unterscheiden zwischen subkutanem Fett, also Fett, welches unter der Haut gespeichert wird und Organfett, das sich vorwiegend im Bauchraum ansiedelt. Es besteht ein Zusammenhang zwischen einer großen Menge an Bauchfett und Herz-Kreislauf-Erkrankungen, Arteriosklerose und sogar Demenz. Es hat sich gezeigt, dass eine Low Carb-Diät zu einer sehr raschen Verringerung dieses Bauchfetts führt und somit zu einer verminderten Gefahr, sich eine dieser Krankheiten zuzuziehen.

Ebenso wird unser Cholesterin-Spiegel positiv beeinflusst, wenn wir uns für Low Carb entscheiden. Ein erhöhtes Cholesterin-Level kann eine Verkalkung von Arterien verursachen, was zu deren Verengung und somit auch zu einem Schlaganfall oder Herzinfarkt führen kann. Nun gibt es das sogenannte „gute" HDL-Cholesterol und das „schlechte" LDL-Cholesterin. LDL (Low Density Lipoprotein) transportiert das Cholesterin in den Körper und lagert es in den Blutgefäßen. Daher die Bezeichnung „schlechtes" Cholesterin, weil sich durch diese Ablagerung das Risiko von Arteriosklerose, also Arterienverkalkung erhöht. Das HDL (High Density Lipoprotein) dagegen führt das Cholesterin aus den Blutgefäßen heraus, wodurch es vor Arteriosklerose schützt, daher die Bezeichnung „gutes Cholesterin". Was hat dies nun aber mit Low Carb zu tun? Es hat sich herausgestellt, dass diese Ernährungsform das HDL-Level erhöht und das LDL-Level verringert. Auf diese Weise ist die Low Carb Diät auch sehr hilfreich, wenn es darum geht, das Risiko für Erkrankungen wie Herzinfarkt oder Schlaganfall zu reduzieren.

Nun haben Sie gelernt, dass das Risiko von einigen Krankheiten unter anderem mit Low Carb reduziert werden kann, und wie schnell und effektiv diese Ernährungsmethode bei der Bekämpfung von lästigen Kilos sein kann. Aber mal ganz abgesehen von Krankheiten und Übergewicht ist Low Carb auch eine ganz prima Methode, wenn Sie sich einfach nur gesund und lecker ernähren wollen. Wenn Sie mehr Proteine, Fette und ballaststoffreiche Kohlenhydrate zu sich nehmen, werden Sie lange satt sein und haben die Gewissheit, dass Sie sich gesund mit wohlschmeckenden Lebensmitteln ernähren.

10 Fehler, die Sie als Anfänger unbedingt vermeiden sollten

Fehler Nr. 1 – Mangelndes Wissen

Informieren Sie sich vor der Ernährungsumstellung gründlich. Recht viele Kohlenhydrate sind nicht nur in Brot, Nudeln, Reis und Kartoffeln zu finden, sondern auch in bestimmten Gemüsesorten, wie Karotten, Rüben oder Pastinaken. Unterschätzen Sie auch Obst nicht! Viele Obstsorten enthalten viel Fruchtzucker und sind daher für eine kohlenhydratarme Ernährung nicht geeignet. Dazu gehören beispielsweise Bananen, Weintrauben, Kirschen, aber auch Ananas und Äpfel. Recherchieren Sie also gut, damit Sie nicht durch versteckte Kohlenhydratquellen frustriert sind.

Fehler Nr. 2 – Sie essen zu wenig

Bei vielen Menschen ist es einfach ganz tief in Ihrem Bewusstsein verankert – wer abnehmen will, muss sich kasteien und so wenig wie möglich essen. Das ist grundfalsch. Vor Jahren hat mir eine Ernährungsberaterin mal einen Satz gesagt, den ich mir sehr gut eingeprägt habe, und der lautet: „Wer abnehmen will, muss essen." Und das ist genau richtig! Sie benötigen eine bestimmte Anzahl an Kalorien, um den Grundumsatz Ihres Körpers an Energie zu gewährleisten. Bleiben Sie unter dem Grundumsatz, wird der Stoffwechsel träge. Ihr Körper wird glauben, es herrscht Hungersnot und in den „Sparmodus" schalten. Das Ergebnis kennen wir alle: Der gefürchtete Jojo-Effekt wird nicht lange auf sich warten lassen.

Fehler Nr. 3 – Sie essen zu viel

Das Gute ist – bei einer Low Carb Diät müssen keine Kalorien gezählt werden. Dies bedeutet jedoch leider, dass viele Anfänger dem Irrtum unterliegen, sie könnten nun den ganzen Tag nach Herzenslust Essen in sich hineinstopfen – und werden trotzdem an Gewicht verlieren, solange sie nur keine Kohlenhydrate essen. Zugegeben – die Idee gefällt mir auch, aber leider ist dem nicht so. Auch bei Low Carb gilt: Sie werden nur abnehmen, wenn Sie mehr Energie verbrauchen als Sie zu sich nehmen. Ein Vorteil der Low Carb-Diät ist, dass aufgrund des ausgewogenen Insulinspiegels Heißhungerattacken ausbleiben, so dass es Ihnen leichter fällt, moderate Mengen zu sich zu nehmen und nur dann zu essen, wenn Sie wirklich hungrig sind.

Fehler Nr. 4 – Sie trinken zu wenig

Natürlich wiederhole ich mich, wenn ich Ihnen nun erzähle, Sie müssen ausreichend trinken. Das weiß inzwischen jeder. Trotzdem – man kann es einfach nicht oft genug sagen: Viel trinken bringt den Stoffwechsel in Schwung; 1,5 bis 2 Liter Wasser sollten Sie täglich trinken, noch besser sind 2 bis 3 Liter. Warten Sie nicht, bis Sie durstig sind und Ihr Mund trocken wird. Das ist bereits ein Anzeichen für eine beginnende Dehydrierung. Wenn Sie dazu neigen, das Trinken zu „vergessen", stellen Sie sich Ihre tägliche Ration direkt vor sich auf den Schreibtisch. Stellen Sie sich jede Stunde den Timer, der Sie daran erinnert, jetzt ein Glas Wasser zu trinken. Ist Ihnen Wasser pur zu fad, können Sie es mit ein paar Spritzern Zitrone oder Orange aufpeppen.

Fehler Nr. 5 – Sie haben zu hohe Erwartungen

Bei der Low Carb Diät werden Sie sehr schnell positive Resultate erzielen. Das heißt im Klartext, Sie werden in den ersten Wochen deutlich an Gewicht verlieren. Das mag Sie in eine Euphorie versetzen, aus der Sie jedoch allzu leicht abstürzen können, wenn sich das nach ein paar Wochen ändert. Denn das wird unweigerlich so kommen: Nach einigen Wochen wird sich der Zeiger der Waage nur sehr langsam nach links bewegen, es ist auch durchaus möglich, dass er einmal für 1 oder 2 Wochen ganz stehenbleibt. Das ist völlig normal! Lassen Sie sich nicht entmutigen, geben Sie nicht auf! Schon bald wird es weitergehen mit der Abnahme, nur vielleicht etwas langsamer. Dafür aber beständig, wenn Sie durchhalten.

Fehler Nr. 6 – Sie bewegen sich zu wenig

Wer Gewicht verlieren will, erreicht dies nicht allein durch eine Ernährungsumstellung. Ganz wichtig ist auch viel Bewegung. Falls Sie noch nicht aktiv Sport treiben – suchen Sie sich eine Sportart, die Ihnen wirklich Spaß macht und üben Sie diese konsequent aus. Am besten in der freien Natur – Joggen, Nordic Walking oder Radfahren bieten sich hier an. Bewegung erreichen Sie aber nicht allein durch Sport, es ist ganz leicht, Bewegung in den Alltag zu integrieren. Nehmen Sie nicht für jeden noch so kurzen Weg das Auto, auch das Fahrrad bringt Sie von A nach B und tut dabei nicht nur Ihrer Figur gut, sondern auch der Umwelt. Nehmen Sie die Treppe statt den Aufzug. Nutzen Sie Ihre Mittagspause für einen Spaziergang im Park.

Fehler Nr. 7 – Sie essen zu wenig Fett

Viele Menschen, die eine Low Carb-Diät starten, nehmen zu wenig Fett zu sich. Wahrscheinlich ist dies auf den tief in uns verankerten Irrglauben zurückzuführen, dass Fett verantwortlich für Übergewicht ist. Das Grundprinzip von Low Carb ist ja, dass der Körper sich dahingehend umstellt, dass er anstelle von Glukose Fett als Energiequelle nutzt. Wenn Sie nun nicht ausreichend Fett zu sich nehmen, kann die Energieproduktion nicht in Schwung kommen, und Low Carb kann nicht so effizient funktionieren, wie es das eigentlich sollte. Etwa die Hälfte der Kalorien, die Sie zu sich nehmen, sollten „gute" Fette sein, die wertvolle Omega-3-Säuren enthalten. Diese sind z.B. enthalten in Olivenöl, Kokosöl, Erdnussöl, fettem Fisch wie Lachs, Makrele oder Kabeljau, ebenso wie in Nüssen und Avocados.

Fehler Nr. 8 – Sie bekommen nicht genug Schlaf

Wahrscheinlich wären Sie niemals auf diese Idee gekommen – aber es ist in der Tat so, dass Erfolg oder Nichterfolg einer Diät auch von unserem Schlafrhythmus und unserer Schlafqualität beeinflusst werden kann. Wenn Sie mit der Ernährung alles richtig machen, aber keine Ergebnisse erzielen, könnte das durchaus an falschem Schlafverhalten liegen. Wichtig für den Erfolg des Low Carb-Programms ist, dass Sie mindestens 8 Stunden in Ruhe am Stück schlafen. Wenn Sie abends schwer zur Ruhe kommen, versuchen Sie, eine Stunde vor Ihrer übliche Zeit schlafen zu gehen. Hilfreich können auch Einschlaf- und Entspannungsübungen sein, wie Meditation, Yoga, ein entspannendes Bad oder eine Duftkerze mit einem beruhigenden Aroma. Ein guter Tipp ist vielleicht auch ein Lavendelsäckchen unter dem Kopfkissen.

Fehler Nr. 9 – Sie haben zu viel Stress

Stress spielt für die Gewichtsabnahme eine nicht zu unterschätzende Rolle. Stress beeinflusst nicht nur unsere Psyche, sondern auch unseren Körper. Es gibt Menschen, die unter Stress eine Menge abnehmen, bei vielen ist jedoch das Gegenteil der Fall. Durch die dauernde Anspannung kann der Stoffwechsel gehörig durcheinandergewirbelt werden, wodurch eine Gewichtsabnahme oft deutlich verlangsamt wird. Viele nehmen durch Stress zu, obwohl sie nicht mehr essen. Sorgen Sie also dafür, dass Sie möglichst stressfrei leben.

Fehler Nr. 10 – Sie greifen zu Fertiggerichten

Natürlich ist die Low Carb-Welle der Ernährungsindustrie nicht verborgen geblieben. Die Regale der Supermärkte sind voll mit Low Carb-Produkten und -Fertiggerichten. Zahlreiche „gesunde", „zuckerfreie" Müsliriegel zählen beispielsweise dazu oder auch Smoothies. Bleiben Sie kritisch. Oft sind solche Produkte mit Süßungsmitteln wie Maltose, Xylit oder Maltodextrin versetzt, die eine ähnliche Wirkung wie Zucker haben. Die bessere Wahl ist auf jeden Fall, wenn Sie sich Ihre Mahlzeiten selbst aus frischen Zutaten zubereiten.

WER MUSS VORSICHTIG SEIN?

Die Low Carb-Diät ist nicht nur sehr effizient in der Gewichtsabnahme, sondern gehört zu den gesündesten Ernährungsprogrammen, die es gibt. Dennoch – es gibt Menschen, die nicht ohne Absprache mit ihrem Arzt mit Low Carb beginnen sollten. Und diese sind:

Schwangere Frauen

In der Schwangerschaft benötigen Frauen mehr Energie als sonst. Deshalb sollten schwangere Frauen grundsätzlich keine Veränderungen in ihrem Essverhalten vornehmen, ohne dies mit ihrem Arzt abzusprechen. Wenn Sie schwanger sind und auf Low Carb umsteigen wollen, konsultieren Sie also unbedingt vorher Ihren Gynäkologen. Er wird Sie beraten und Ihnen eventuell Nahrungsergänzungsmittel empfehlen, damit kein Mangel für das ungeborene Kind entsteht. Das Gleiche gilt, wenn Sie bereits seit längerer Zeit Low Carb praktiziert haben, bevor Sie schwanger wurden. Dann beraten Sie sich mit Ihrem Arzt, sobald Sie von Ihrer Schwangerschaft erfahren.

Stillende Frauen

Auch die Stillzeit ist eine ganz besondere Zeit im Leben einer Frau. Ihr Körper muss nun genügend Milch für Ihr Baby produzieren. Konsultieren Sie also auch in diesem Fall Ihren Arzt, bevor Sie auf Low Carb umsteigen. Er wird Sie beraten, wie Sie vielleicht mit Hilfe von Nahrungsergänzungsmitteln gesund leben und sich ernähren und gleichzeitig ausreichend Nahrung für Ihr Kind bereitstellen.

Senioren

Zwar ist die Low Carb-Ernährung für alle Altersgruppen geeignet, dennoch möchte ich älteren Menschen empfehlen, ebenfalls mit ihrem Arzt zu sprechen, wenn Sie auf diese Ernährungsform umsteigen wollen. Lassen Sie sich beraten und erstellen Sie gemeinsam mit Ihrem Hausarzt einen geeigneten individuellen Ernährungsplan.

Kinder

Auch für Kinder ist Low Carb bestens geeignet. Es sollte aber nicht vergessen werden, dass Kinder sich noch im Wachstum befinden, was bedeutet, dass sie ernährungstechnisch andere Bedürfnisse haben als ein Erwachsener. Wenn Sie die Low Carb-Diät also für Ihr Kind als das Richtige empfinden, sprechen Sie mit Ihrem Kinderarzt und erstellen Sie gemeinsam mit ihm einen ausgewogenen Ernährungsplan. Hören Sie auch achtsam auf Ihr Kind, wenn es sich mit manchen Lebensmitteln nicht wohlfühlt oder ihm bestimmte Dinge nicht schmecken, reagieren Sie entsprechend. Stellen Sie sicher, dass eventuelles Unwohlsein oder gar Krankheiten nichts mit der Ernährungsweise zu tun haben.

Kranke Menschen

Wenn Sie chronisch oder akut erkrankt sind, konsultieren Sie ebenfalls Ihren Arzt, wenn Sie sich mit Low Carb ernähren möchten. Er wird Ihnen etwas verschreiben, das sich gut mit Ihrer Ernährungsform verträgt.

Medikamente einnehmende Menschen

Wenn Sie ständig Medikamente einnehmen müssen, sollten Sie ebenfalls nicht mit der Low Carb-Diät beginnen, ohne vorher Ihren Arzt konsultiert zu haben. Es gibt Medikamente, die die Aufnahme bestimmter Nährstoffe in bestimmten Mengen erfordern. Sollten diese mit der Low Carb-Diät nicht abgedeckt sein, könnte es notwendig werden, Nahrungsergänzungsmittel einzunehmen. Sprechen Sie also auf jeden Fall vor einer Ernährungsumstellung mit Ihrem Arzt, wenn Sie Medikamente nehmen.

10 TIPPS FÜR DEN RESTAURANTBESUCH

Natürlich sollen Sie nicht jeden Tag in der Küche stehen, sondern sich hin und wieder einen Besuch im Restaurant gönnen können. Wenn Sie sich nach dem Low Carb-Prinzip ernähren, ist dies auch kein Problem, wenn Sie einige wenige Tipps beherzigen.

- Der wichtigste ist: Glauben Sie nicht alles, was in der Karte steht! Viele Gerichte sind als Low Carb gekennzeichnet, aber das muss nicht immer korrekt sein. Kontrollieren Sie die Angaben und erkundigen Sie sich im Zweifelsfall beim Personal.

- Kontollieren Sie Ihre Portionen. Die Portionen sind im Restaurant oft sehr großzügig bzw. zu großzügig. Wenn Sie zu viel auf dem Teller haben, teilen Sie Ihren Teller vor dem Essen auf in das, was Sie essen werden und das, was Sie nicht essen werden. Scheuen Sie sich nicht, sich die Reste evtl. einpacken zu lassen. In Frankreich, in der Schweiz und zum Teil auch in Süddeutschland ist das durchaus üblich.

- Grundsätzlich ist ein Salat immer eine gute Idee – die meisten Salate enthalten nur wenig Kohlenhydrate und überhaupt wenig Kalorien. Die Falle lauert meist im Dressing – fertige Salatsaucen sind oft wahre Zuckerbomben. Lassen Sie sich das Dressing deshalb aus Öl und Essig zubereiten und extra servieren. Sie können auch ein eigenes Dressing zubereiten und dies mitnehmen.

Und nun lassen Sie uns gemeinsam essen gehen!

Beim Italiener

Der Italiener macht es uns nicht gerade leicht. Zu verlockend sind einfach die vielen Sorten Pasta! Aber auch die Pizza ist wegen des Bodens nicht empfehlenswert für die Low Carb-Ernährung. Trotzdem müssen Sie auf italienisches Essen nicht verzichten. Wie wäre es z.B. mit Schinken und Melone als Vorspeise und Kalbsschnitzel (ohne Panade!) mit Gemüse als Hauptgericht? Hier die italienischen Speisen, die sich für Low Carbler gut eignen:

- Schinken mit Melone oder Spargel
- Insalata Caprese – auch als Tomaten-Mozzarella-Salat bekannt
- Gemischte Antipasti
- Parmigiana (Auberginenauflauf mit Parmesan)
- Saltimbocca mit Gemüse
- Ossobuco mit Gemüse
- Fisch mit Gemüse
- Meeresfrüchte

Achten Sie bei Fleisch- und Fischgerichten einfach immer darauf, dass Sie Gemüse dazu bestellen, Reis, Kartoffeln oder Nudeln aber auf jeden Fall weglassen.

Beim Griechen

Der Grieche hingegen macht es uns relativ einfach. Hier gibt es vor allem Lammfleisch, Geflügel, Fisch und Meeresfrüchte, viel Gemüse, Salat, Käse, Joghurt. Hier können Sie beim Griechen beherzt zugreifen:

- Tzatziki
- Tarama
- Hirtensalat mit Schafskäse
- Souvlaki (Fleischspieße) mit Gemüse
- Lamm mit Gemüse
- Stifado (ohne Kartoffeln!)
- Fisch, Meeresfrüchte

Beim Franzosen

- Auch in der französischen Küche gibt es jede Menge Möglichkeiten, der Low Carb-Diät treu zu bleiben. Hiermit können Sie ohne schlechtes Gewissen schlemmen:

- Französische Zwiebelsuppe
- Jakobsmuscheln
- Steak (nur eben ohne Pommes frites, dafür mit viel Salat oder knackigem Gemüse)
- Canard à l'orange
- Boeuf bourgignon
- Hummer und andere Meeresfrüchte

Beim Mexikaner

Ganz einfach – kein Reis und keine roten Bohnen, dann kann Ihnen auch beim Mexikaner nicht viel „passieren". Low Carb-freundliche mexikanische Gerichte sind folgende:

- Gegrillte Chicken Wings
- Guacamole
- Albondigas (kleine Fleischbällchen)
- Gegrillter Fisch oder Gegrilltes Huhn
- Fajitas (Maisfladen) mit Fleisch- und Gemüsefüllung

Beim Chinesen

Wenn ich ehrlich bin, dann sage ich – Vorsicht beim Chinesen. Hier wird viel mit Geschmacksverstärkern und Glutamat gearbeitet – auch versteckte Zuckerfallen. Außerdem kommen chinesische Gerichte ja eigentlich immer mit weißem Reis daher. Bestellen Sie Fleisch- und Fischgerichte ohne Reis. Eine gute Idee kann auch ein „All-you-can-eat"-Buffet sein, hier können Sie bei Fleisch und Gemüse zugreifen, den Reis dagegen „unauffällig" weglassen.

Bei McDonalds und Burger King

Ja, auch das „muss" einfach ab und zu mal sein, hab ich recht? Ist auch kein Problem, so lange Sie Pommes frites und alles andere Frittierte meiden. Die Salate der Fast-Food-Ketten sind gar nicht übel, und Sie müssen nicht mal nach dem Dressing extra fragen. Wenn der Burger sein muss – lassen Sie das Brötchen und den Ketchup weg, dann ist auch dies – in Maßen genossen – kein Problem.

DIE 30-TAGE-CHALLENGE

Sie haben sich entschieden, es mit der Low Carb-Diät zu probieren? Glückwunsch! Sie werden es nicht bereuen.

Zuerst sollten Sie sich aber gut vorbereiten und deswegen werden sich die ersten Tage der Challenge noch mit einigen Planungspunkten beschäftigen, bevor es dann richtig losgeht.

Ein paar praktische Helfer

Vielleicht besitzen Sie diese Dinge bereits und verwenden Sie auch regelmäßig. Wenn nicht, sollten Sie darüber nachdenken, sich diese Dinge zu besorgen. Einfach aus dem Grund, da Sie Ihnen bei dem Erreichen Ihrer Ziele sehr helfen werden. Und das gilt nicht nur für die Dauer der Challenge, sondern auch langfristig.

Diät-Tagebuch

Beschaffen Sie sich ein Tagebuch, in dem Sie Ihre Fortschritte dokumentieren. Das kann ein „richtiges“ klassisches Tagebuch in Papierform sein, oder legen Sie sich eines in Ihrem Notebook an.

Natürlich gibt es mittlerweile auch zahlreiche hilfreiche Apps in diesem Bereich (Diese Apps lassen sich auch über den Browser auf dem Desktop-PC pflegen). Verbreitete und beliebte Apps sind zum Beispiel:

- myfitnesspal.com (Die benutzte ich selbst.)
- fddb.info
- fatsecret.de

Beim Einstieg fiel mir das „Tracken“ mit der App noch etwas schwer, aber mittlerweile geht es so einfach von der Hand, dass es täglich maximal 10 Minuten dauert. Die Zeit verbringe ich dann einfach weniger auf Social Media. ;-) Und was auch noch sehr angenehm ist: die Apps sind kostenlos.

Personen-Waage

Falls Sie Gewicht verlieren möchten, brauchen Sie natürlich eine Waage. Wiegen Sie sich am besten jeden Morgen vor dem Frühstück und nehmen Sie am Ende der Woche den Durchschnittswert. Gewichtsschwankungen sind ganz normal und auf diese Weise erhalten Sie einen viel zuverlässigeren Wert, als wenn Sie sich nur 1x wöchentlich wiegen.

Sollten Sie die Befürchtung haben, dass tägliches wiegen Sie eher demotivieren könnte, dann ist es natürlich auch möglich diesen Vorgang auf 1x wöchentlich zu beschränken. Seltener sollten Sie dies aber wirklich nicht tun.

Aber glauben Sie mir: Auch wenn Ihnen das Gewicht auf der Anzeige nicht gefällt, die Entwicklung der immer kleiner werdenden Zahl wird es!

Spiralschneider

Spiralschneider sind ein Must-Have für alle, die sich kohlenhydratarm ernähren. Warum? Mit einem Spiralschneider müssen Sie nicht einmal auf Nudeln und Pommes frites verzichten. Die Nudeln bestehen allerdings nicht aus Eiern und Mehl, sondern aus Gemüse wie z.B. Zucchini, Karotten, Kohlrabi oder Gurken. Es gibt verschiedene Arten von Spiralschneidern, und zwar horizontal, vertikal und handheld. Diese unterscheiden sich in der Handhabung und auch im Preis. Verschiedene Aufsätze bieten die Möglichkeit, Gemüsenudeln in verschiedenen Formen herzustellen – z.B. als Spaghetti, Tagliatelle oder Fettuccine. Die sind nicht nur lecker, sondern sehen auch viel besser aus, als „normal“ geschnippelte Zucchini, Möhren oder Gurken. Auch Salate kann man mit

Hilfe eines Spiralschneiders sehr kreativ und dekorativ anrichten.

Das Kochen mit einem Spiralschneider ist bei allen, die sich gesund ernähren möchten, gerade sehr angesagt. Es gibt dazu ein sehr interessantes Buch mit vielen tollen Rezepten. Sie können es über den folgenden Link erwerben.

bit.ly/spiralsch

Schnellkochtopf

Ein Schnellkochtopf ist auf jeden Fall eine gute Empfehlung, der Kochen unglaublich einfach machen kann. Z. B. Lamm- oder Rindfleisch kann man mit einem solchen Wundergerät innerhalb von Minuten gar kochen. Ein guter Schnellkochtopf ist also auf jeden Fall eine gute Investition. Ordentliche Modelle gibt es schon ab ca. 40 Euro.

Slowcooker

Auch dieses Küchenutensil kann Ihnen das Kochen deutlich erleichtern. Mit einem Slowcooker können Sie z. B. sämtliche Zutaten in den Topf werfen, die Zeit einstellen und das Haus verlassen. Keine Angst, es wird nichts passieren, da der Slowcooker sich nicht übermäßig erhitzt. Sie können z.B. am Vormittag den Slowcooker anwerfen, die Zeit einstellen und haben Ihr Abendessen pünktlich fertig. Sie können ihn am Abend einstellen, um am nächsten Morgen Ihr Frühstück bereit zu haben. Ein Slowcooker ist sehr gut für Eintöpfe und Suppen geeignet, und Fleisch wird mit ihm besonders zart. Auch können Sie mit einem großen Slowcooker sehr einfach große Mengen kochen. Das kann eine sehr gute Sache sein, wenn Sie Gäste haben. Auch hier kann man ein gutes Gerät ab ca. 40 Euro kaufen.

Optional: Mehr Bewegung während der Challenge

Sie möchten außerdem etwas aktiver werden? Dann sollten Sie auch über eine Anschaffung folgender Dinge nachdenken. Ansonsten überspringen Sie diesen Punkt einfach und gehen gleich zu Tag 1:

- Sporttagebuch
  Genau wie bei Ihrem Diättagebuch sollten Sie Ziele und Fortschritte notieren, wenn Sie neben der neuen Ernährungsweise auch etwas aktiver werden möchten.
- Schrittzähler/ Fitness-Tracker
  Die sanfteste Methode, sich zu bewegen, ist einfaches Laufen. Gerade wenn Sie von klein anfangen und Bewegung bisher in Ihrem Leben eine eher untergeordnete Rolle gespielt hat, macht es Sinn, ganz langsam und ohne Anstrengung einfach nur mehr Schritte am Tag zu gehen. Legen Sie sich einen Schrittzähler

zu, überprüfen Sie Ihre momentane Schrittzahl, die Sie im Durchschnitt zurücklegen und steigern Sie diese entsprechend mit der Zeit.

Ein kleiner Überblick über Apps und Hersteller von Fitness-Trackern:

- MyFitnessPal (neben der Ernährungstagebuch-Funktion lässt sich diese App super mit weiteren Fitness-Tracker Apps und Gadgets verbinden.)
- FatSecret
- Lifesum
- Fooducate
- Noom
- Garmin
- Fitbit
- Jawbone
- Sony
- Samsung S-Health
- Google Fit

Vielleicht haben Sie schon einmal von der magischen 10,000 gehört. Diese Zahl an täglichen Schritten gilt als optimal für einen gesunden Lebensstil. Für Sie klingt 10,000 momentan noch unglaublich? Dann setzen Sie sich für den Anfang kleinere Ziele.

Beispiel:

- Ziel Woche 1: täglich 1000 - 1500 Schritte
- Ziel Woche 2: täglich 2000 - 2500 Schritte
- Ziel Woche 3: täglich 3000 - 3500 Schritte
- Ziel Woche 4: täglich 4000 - 4500 Schritte
- ...usw.

Ich werde Ihnen im Laufe der Challenge auch immer wieder kleine Tipps geben, wie Sie ganz einfach mehr Schritte in Ihren Alltag einbauen können.

- Yogamatte
  Beginnen oder beenden Sie den Tag mit ein wenig Yoga (Passende Übungen finden Sie z. B. im Bonusteil dieses Buches).
- Bequeme Schuhe/Laufschuhe
  Es muss nicht immer Joggen sein aber auch für längere Spaziergänge oder kleine Walking-Touren (in diesem Fall könnten Sie außerdem den Kauf von Nordic-Walking Stöcken in Betracht ziehen), sind bequeme Schuhe zu empfehlen.
- Heimtrainer
  Den inneren Schweinehund zu überwinden ist ja an sich schon schwer genug und wenn dann auch noch das Wetter nicht mitspielt, ist dieser Kampf meist umso schwerer. Daher ist es sinnvoll, die tägliche Bewegung nicht vom Wetter abhängig zu machen. Suchen Sie sich

Indoor-Alternativen. Es muss ja auch nicht gleich eine 2-Jahres-Mitgliedschaft in einem Fitnesscenter sein.

Ein Stepper wäre eine tolle Alternative, den man auch bei Hausarbeiten wie bügeln oder einfach vor dem Fernseher oder am Computer verwenden kann. Viel Platz nimmt er außerdem nicht weg.

Tag 1: Das Ziel

Formulieren Sie Ihr Ziel. Häufig werden für eine Ernährungsumstellung folgende Gründe angegeben:

- Gewicht verlieren, mir im Spiegel gefallen
- Gewicht halten
- sich langfristig gesund ernähren
- bewusster essen
- besseres Allgemeinbefinden

Welches Ziel verfolgen Sie? Schreiben Sie es auf und schauen Sie es sich von Zeit zu Zeit immer wieder an, besonders in Momenten, wenn die Motivation etwas absinkt. Es ist wichtig, dass Sie sich immer wieder bewusst machen, dass Sie diesen Weg für sich gehen und dass Sie ein bestimmtes Ziel verfolgen.

Beachten Sie bei der Zielsetzung das sogenannte SMART-Prinzip:

S – Specific – Spezifisch:

Je konkreter Sie Ihr Ziel formulieren, desto besser. Schreiben Sie nicht: ich will abnehmen sondern: Ich werde **durch eine bessere Ernährung** Gewicht verlieren, bis mir meine Figur im Spiegel gefällt.

M – Measurable – Messbar:

Ihre Zielsetzung muss überprüfbar sein, d.h. eine Formulierung wie: ich werde täglich **nicht mehr als 50g Kohlenhydrate** zu mir nehmen ist besser als ich will bewusster essen.

A – Achievable – Erreichbar:

15 Kilo in einer Woche zu verlieren klingt zwar super, aber wie hoch ist die Wahrscheinlichkeit, dass Sie dieses Ziel erreichen? Setzen Sie sich daher ein Ziel, welches Sie auch erreichen können.

R – Realistic – Realistisch:

Geht Hand in Hand mit der Erreichbarkeit; *15 Kilo in einer Woche sind unrealistisch*, schreiben Sie *lieber 0,5kg pro Woche*. Wenn Sie hier zu tief kalkuliert haben, können Sie Ihre Erwartungen an Ihren Fortschritt immer noch erhöhen. Doch mit zu hoch gesteckten, unrealistischen Fortschrittserwartungen zu starten ist meistens enttäuschend. Umgehen Sie diesen Fehler mit dem SMART-Prinzip.

T – Time framed – Zeitrahmen:

Legen Sie den Startpunkt und die Dauer fest. Sich einen festen Zeitrahmen zu geben, hilft Ihnen, Ihr Vorhaben nicht weiter aufzuschieben. Wenn der Termin einmal steht, bekommt die ganze Sache etwas Verbindliches.

Um den richtigen Zeitpunkt festzulegen, sollten Sie noch folgendes beachten:

Suchen Sie sich einen Zeitraum, in dem es für Sie am unkompliziertesten ist. Das soll heißen: Sollten in diesem Monat besonders viele Familienfeste oder Feiertage anstehen, an denen erfahrungsgemäß immer etwas zu viel und zu gut gegessen wird (Hochzeiten, Geburtstage, Weihnachten), dann ist es vielleicht klüger, den Startpunkt auf nächsten Monat zu legen, oder aber seine Erwartungen den dementsprechend anzupassen.

Ähnliches gilt, wenn Sie noch einen längeren Urlaub vor sich haben, da kann die Entspannung schon etwas auf der Strecke bleiben, wenn man sich in erster Linie auf die neue Ernährung fokussieren muss.

Beschränken Sie sich bei der Zielsetzung nicht nur auf das große Ganze und darauf, wo Sie in 30 Tagen sein möchten. Notieren Sie sich außerdem kleine Ziele, die sich innerhalb einer Woche umsetzen lassen. Auf diese Weise können Sie jede Woche kleine Erfolge feiern und bleiben motiviert. Aber auch hier gilt: SMART bleiben!

Tag 2: Pläne

Damit Sie diese Challenge erfolgreich meistern, sollten Sie sich darüber im Klaren sein, je besser Sie Ihr Vorgehen planen, desto unkomplizierter wird die Umsetzung für Sie. Daher ist es wichtig, dass Sie vorausschauend planen und so wenig wie möglich dem Zufall überlassen.

Da Sie nun dabei sind, Ihre Ernährung umzustellen, sollten Sie sich dementsprechend darauf vorbereiten.

Fangen wir am besten damit an, dass Sie sich einmal den vorgeschlagenen Speiseplan für die Challenge ansehen und anhand des Plans eine Einkaufsliste erstellen.

Ich werde Ihnen für die übrigen Tage der Challenge jeweils ein Frühstück, ein Mittagessen und ein Abendessen empfehlen. Die Rezepte mit Kohlenhydratangaben finden Sie im nächsten Kapitel. Selbstverständlich sind diese Gerichte austauschbar. Achten Sie jedoch darauf, dass Sie Ihre empfohlene Menge an Kohlenhydraten nicht übersteigen. Wenn Sie sehr viel abnehmen möchten, dürfen Sie pro Tag nicht mehr als 50 g KH verzehren. Wenn Sie nur ein paar Kilos verlieren wollen, darf es bis zu 100 g Kohlenhydrate täglich sein. Außerdem gibt es drei unterschiedliche Herangehensweisen:

- Man kann beginnen, indem man die ersten Tage so wenig Kohlenhydrate wie möglich zu sich nimmt und ab Tag 10 oder Tag 20 langsam steigert.
- Es geht aber auch umgekehrt – dass man die Kohlenhydratmenge nach und nach reduziert.
- Oder man nimmt von Anfang an eine bestimmte Menge an Kohlenhydraten zu sich – z.B. täglich zwischen 30 und 50 g – und bleibt konstant dabei. Welchen Weg Sie wählen, überlasse ich Ihnen. Sie kennen sich am besten, und Sie allein wissen, was die richtige Methode für Sie ist.

Ich empfehle bei der Erstellung der Einkaufsliste von Woche zu Woche zu denken, d.h. am Ende der 1. Woche die Einkaufsliste für Woche 2 erstellen, usw. Auf diese Weise vermeiden Sie langes lagern von frischen Lebensmitteln und evtl. können Sie auch Angebote verfolgen. (Und außerdem: Wer weiß heute schon wirklich, was er Mittwoch in drei Wochen essen wird?)

Sie sollten bei den Rezepten, die ich Ihnen für die nächsten Tage empfehle, auch darauf achten, wie viel Zeit die Zubereitung in Anspruch nimmt. Vielleicht macht es für Sie persönlich an der einen oder anderen Stelle wirklich Sinn, die Rezepte auszutauschen, da neben Arbeit, Familie usw. einfach nicht genug Zeit zum Kochen bleibt. Daher sollten Sie den Zeitfaktor in Ihre Planung unbedingt mit bedenken, denn die Challenge soll ja nicht zu einem Stressprogramm werden.

Gewohnheiten aus diesem Ernährungsplan sollten Sie schließlich langfristig beibehalten, also muss er auch zu Ihrem Lebensstil passen. Daher gilt: Je alltäglicher, desto besser!

Optional: Mehr Bewegung während der Challenge

Wenn Sie die Challenge ohne zusätzliche Aktivitäten durchführen möchten, überspringen Sie diesen Part und gehen Sie direkt zu Tag 3 über. Ansonsten erstellen Sie heute auch Ihren persönlichen Sportplan.

Seien Sie dabei so präzise wie möglich und setzen Sie sich feste Zeiten. Das erleichtert es Ihnen, die neue Gewohnheit zu entwickeln und beizubehalten, anstatt sich nur zu sagen: *Irgendwann am Montag möchte ich mich bewegen.*

Beispiel:

Woche 1: von [Tag/Monat/Jahr] bis [Tag/Monat/Jahr]:			
Tag	**Art der Aktivität**	**Beginn**	**Dauer**
Mo	Spazieren gehen	18:00 Uhr	10 Minuten
Di			
Mi	Yoga	06:30 Uhr	10 Minuten
Do			
Fr	Schwimmen	17:00 Uhr	10 Minuten
Sa			
So	Rad fahren	12:00 Uhr	1 Std.

Der aufgezeigte Plan dient lediglich zur Orientierung, ich will Ihnen nicht an 4 Tagen Sport aufzwingen, wenn Ihnen das zu viel wird. Legen Sie diesen Plan Ihrem Fitnesslevel entsprechend an. Beachten Sie dabei, dass es nichts bringt, wenn Sie sich von Beginn an übernehmen. Wer bisher kaum oder nur wenig Sport getrieben hat, wird sich keinen Gefallen tun, 7 Tage die Woche schweißtreibende Aktivitäten für die Dauer von 1 Stunde einzutragen. Beginnen Sie in diesem Fall lieber mit der Planung eines 20-minütigen Spaziergangs 1x pro Woche. Im Laufe der Zeit können Sie Ihre Aktivitäten steigern, wenn Sie wollen. Wenn Sie mit den öffentlichen Verkehrsmitteln pendeln versuchen Sie es doch mal, die Busfahrten zwischen Zuhause und Bahnhof sowie zwischen Bahnhof und Büro durch Zufußgehen zu ersetzen.

Lieber erstmal tief stapeln, sich dafür über die kleinen Erfolge freuen und sich dann langsam steigern. Das hält die Motivation aufrecht.

Suchen Sie sich außerdem eine Sportart, die Ihnen Spaß macht. Sie sollen sich nicht durch ein Sportprogramm quälen, sondern es gerne machen. Seien Sie sich darüber bewusst, dass Sport nicht immer gleich Schweiß und Anstrengung ist, Sport kann auch sein:

- Mit den Kindern Eislaufen gehen
- Mit dem Partner einen romantischen Spaziergang machen
- Zuhause zur Lieblingsmusik oder zu Konsolenspielen (Wii Fit etc.) mit Freunden zu tanzen
- Gartenarbeit

Weitere Sportarten, die Sie entweder allein oder mit Freunden/der Familie betreiben können, sind:

- Zumba
- Yoga
- Pilates
- Reiten
- Klettern

- Fahrradtouren
- In den Park gehen
- Schwimmen
- Wandern
- Fußball spielen
- Tennis oder Badminton spielen

Tag 3: Speiseplan & Einkaufen

Ich persönlich habe mir in diesem Bereich die Routine angewöhnt, Mittwochabends den Speiseplan für die kommende Woche zu überlegen und anhand dieses Plans meine Einkaufsliste zu erstellen, eingekauft wir dann am Donnerstag. Da das jetzt das erste Mal in dieser Challenge ist, legen wir das dieses Mal auf einen Tag, damit wir loslegen können. Wie genau Sie im weiteren Verlauf diese Punkte in Ihren Alltag einbauen, entscheiden Sie.

Was genau Sie nun auf Ihrer Einkaufsliste stehen haben, kann ich natürlich nicht sagen, dennoch möchte ich Ihnen einige Dinge empfehlen, die in der Low-Carb-Küche oft gebraucht werden.

Dies sind:

- Stevia (ein pflanzliches Süßungsmittel, das als Zuckerersatz verwendet werden kann)
- Sucralose (ebenfalls ein Süßungsmittel, das kalorienfrei ist, aber die vielfache Süßungskraft von Zucker besitzt)
- Whey-Protein-Pulver (Von engl. whey = Molke. Dies ist ein Proteinpulver, welches im Gegensatz zu Mehl kaum Kohlenhydrate enthält und in der Low-Carb-Küche gern als Mehlersatz verwendet wird)

Des Weiteren können Sie sich für Ihre neue Ernährung mit Low Carb von den folgenden Dingen einen Vorrat zulegen:

- Olivenöl, am besten extra-nativ
- Kokosöl
- Apfelweinessig & Rotweinessig
- Sojasauce
- Senf & Mayonnaise

Als kleine Snacks für zwischendurch eignen sich unter anderem:

- Pecan-Nüsse – 0 g Kohlenhydrate per 100 g (und auch andere Nüsse)
- Gemüsesticks (z.B. Gurke, Paprika) mit Frischkäse – 3g Kohlenhydrate per 100 g
- Gouda-Würfel – 0 g Kohlenhydrate per 50 g
- Mit Frischkäse gefüllte Champignons – 1 g Kohlenhydrate per 100 g
- Tomate-Mozzarella – 4 g Kohlenhydrate per 100 g

Des Weiteren können Sie sich an den „guten" Lebensmitteln aus Kapitel 5 orientieren.

Tag 4: Die Küche

Nachdem Sie sich gestern mit den nötigsten Low-Carb Zutaten eingedeckt haben, geht es heute darum, Ihr Haus und insbesondere die Küche, „carb-proof" zu machen. Das bedeutet, alle Vorräte an Nahrungsmitteln, die Sie ab jetzt nicht mehr oder nur noch ausnahmsweise essen werden, sollten aus Ihrem direkten Umfeld verschwinden. Richten Sie sich in einem Ihrer Küchenschränke eine „No-Go Area" ein, in der Sie alle Lebensmittel, die nicht als Low Carb durchgehen, verstauen: Süßigkeiten, die Gläser mit den Nudeln – geordnet nach Form und Farbe – die Keksdose, die Bonbondose. Dazu gehören aber auch verarbeitete Lebensmittel mit viel Zuckergehalt. Zuckerhaltige Getränke wie Cola, Fanta, Sprite & Co sind ab sofort tabu. Legen Sie sich dafür einen Vorrat an Kräuter- und Früchtetees zu, oder wechseln Sie zu den Light Versionen der Getränke.

Wenn Sie rigoros Nägel mit Köpfen machen wollen, verbannen Sie diese Lebensmittel vollständig aus Ihrem Umfeld; ganz nach dem Motto: alles muss raus!

Werfen Sie die Lebensmittel jedoch nicht weg, sondern überlegen Sie, wer sich darüber freuen könnte. Der Kindergarten? Das Flüchtlingsheim? Die Suppenküche? Befreien Sie Ihr Haus am heutigen Tag von allen stark kohlenhydrathaltigen Lebensmitteln und machen Sie gleichzeitig anderen eine Freude!

Herzlichen Glückwunsch! Sie haben nun alle wichtigen Vorbereitungen getroffen und können sich ab morgen voll und ganz auf Ihre neue Ernährung konzentrieren.

Los gehts!

Tag 5

Wiegen

Ob Sie sich nun jeden Morgen wiegen oder 1x pro Woche: Heute sollten Sie es auf jeden Fall tun, schließlich brauchen Sie ein Ausgangsgewicht (ein „Vorher"), von dem aus Sie Ihre Fortschritte notieren können.

Frühstück

Gönnen Sie sich ein Omelett mit Spinat und Tomaten, wie in den Frühstücksrezepten beschrieben. Die Zutaten können durch andere Gemüsesorten, z.B. Lauch oder Brokkoli ausgetauscht werden.

Mittagessen

Mögen Sie Fisch? Wie wäre es mit „Poisson à la chinoise" als erstes Low Carb Mittagessen? Dieses Gericht hat nur 10 g Kohlenhydrate und ist trotzdem sehr sättigend und lecker. Alternativ würde ich das Hähnchen in Pilzsauce mit Brokkoli vorschlagen.

Abendessen

Ein guter Einstieg wäre die Pizza „Quattro Stagioni". Nicht mal auf Pizza müssen Sie verzichten, ist das nicht toll? Der Boden aus Blumenkohl ist mindestens genau so lecker wie Pizzaboden aus Weißmehl, und dieses Gericht ist im Handumdrehen fertig!

Der Anfang ist getan, und Sie haben lecker gegessen und nicht eine Minute gehungert, habe ich recht?

Tag 6

Hinweis

Achten Sie neben regelmäßigen Mahlzeiten auch darauf, jeden Tag 2 bis 3 Liter Wasser zu trinken! Wasser hilft bei der Verdauung und es verschafft Ihnen ein Sättigungsgefühl.

Sorgen Sie außerdem für genügend Schlaf. Schlaf ist entscheidend für die Gesundheit und fördert gesundes Abnehmen. Damit unser Körper vernünftig arbeiten kann ist es wichtig, dass wir ausreichend Schlaf bekommen. Während wir schlafen, fährt auch unser Stoffwechsel herunter und unser Körper nutzt die Kalorien und Nährstoffe, die wir am Tag zu uns genommen haben, als Energie.

Frühstück

Beginnen Sie den Tag z.B. mit Himbeermuffins – himmlisch lecker und mit nur 12 g Kohlenhydraten ein perfektes Low-Carb-Frühstück! Anstelle der Himbeeren können auch Heidelbeeren oder Johannisbeeren verwendet werden.

Mittagessen

Wie wäre es mit einem zünftigen Fleischgericht? Zum Beispiel dem Schweinekotelett mit Kein-Kartoffelsalat? Lecker, sättigend, und trotzdem nur 7 g Kohlenhydrate!

Abendessen

Zum Abendessen würde ich einen knackigen Salat vorschlagen. Frühstück und Mittagessen waren sehr kohlenhydratarm, deshalb können Sie jetzt zum italienischen Roastbeef-Salat (9 g) greifen.

Tag 7

Hinweis

Wenn Ihre bisherige Ernährung reich an Kohlenhydraten gewesen ist, kann es vorkommen, dass die Ernährungsumstellung von einigen, leichten Nebenwirkungen begleitet wird, etwa Kopfschmerzen oder auch Heißhunger (v.a. auf Kohlenhydrate). Diese Nebenwirkungen können gerade am Anfang der Ernährungsumstellung auftreten, verschwinden aber nach einigen Tagen wieder.

In jedem Fall sollten Sie immer darauf achten, sich satt zu essen. Lassen Sie zwischen den Mahlzeiten nicht mehr als maximal 4 Stunden vergehen. Nehmen Sie zwischendurch kleine Snacks zu sich: hartgekochte Eier, Nüsse, etc.

Genauso wichtig ist die Zufuhr von ausreichend Flüssigkeit – idealerweise Wasser oder ungesüßte Tees – das hilft ebenfalls bei der Umstellung.

Frühstück

Machen Sie sich Pancakes zum Frühstück. Low-Carb-Pancakes sind immer eine gute Idee in der Low-Carb-Küche. Sie gehen schnell, sind lecker, machen satt und man kann sie gut variieren. Sie können Sie mit Beeren (Heidelbeeren, Erdbeeren, Himbeeren, Johannisbeeren) oder auch mit Joghurt oder Quark genießen. Auch die Basis-Kombination von Eiern, Whey-Protein-Pulver und Kokosmehl bietet viele Variationsmöglichkeiten.

Mittagessen

Eine gute Wahl wären heute Mittag die Garnelen in Kokosmilch oder die Ratatouille.

Abendessen

Die butterzarten Lammlachse mit Blumenkohl-Tabouleh sind meine Empfehlung für das Abendessen.

Tag 8

Frühstück

Lassen Sie den Tag leicht angehen mit dem Heidelbeersmoothie. Auch hier können Sie wieder statt der Heidelbeeren auch Himbeeren oder Erdbeeren verwenden. Super wäre auch ein Mix aus allen diesen Früchten.

Mittagessen

Mein Vorschlag für heute Mittag wäre das Chicken Vindaloo oder der Lachs auf Feta und Spinat.

Abendessen

Ein gutes Steak geht immer, oder? Gönnen Sie sich ein saftiges Filetsteak in Sherrysauce mit gebackenem Gemüse. Alternativ wäre auch ein knackiger Salat dazu möglich.

Mehr Schritte im Alltag: Gehen Sie mit Freunden/Kollegen spazieren. Versuchen Sie, die Mittagspause nicht sitzend zu verbringen! Essen Sie eine Kleinigkeit und nutzen Sie die restliche Zeit für einen Spaziergang mit den Kollegen. Auch privat bietet es sich doch an, nach dem Essen mit Freunden oder dem Partner einen kleinen Spaziergang zu machen.

Tag 9

Zeit für die neue Einkaufsliste: Vor einer Woche haben Sie Ihren ersten Speiseplan und die dazugehörige Einkaufsliste erstellt. Vergessen Sie nicht, die nächste Woche genauso gründlich zu planen, damit die Challenge für Sie weiterhin so erfolgreich läuft!

Frühstück

Als Frühstück wäre mal wieder eine Eierspeise gut – vielleicht ein Omelett mit Krabben? Einfach, schnell, lecker!

Mittagessen

Und zum Mittagessen gibt es einen leckeren und reichhaltigen Chefsalat.

Abendessen

Mal wieder Zeit für etwas Leckeres aus dem Meer, oder? Ich empfehle die Jakobsmuscheln mit Spargel oder die Lachs-Creme-Suppe.

Heute können Sie sich an diesem Zeitpunkt noch nicht zur Ruhe setzen. Für morgen Mittag habe ich eine besondere Empfehlung für Sie – nämlich die „Carbonnades flamandes", ein typisches Gericht meiner Wahlheimat Belgien. Es ist ein Gulasch vom Rind, das in einer Biersauce gekocht wird. In der Jagdsaison kann man das Rindfleisch auch durch Wildschwein oder Hirsch ersetzen. Am zartesten wird das Fleisch, wenn es 8 Stunden im Slowcooker vor sich hin köcheln kann. Deshalb müssten Sie noch heute Abend die Vorbereitungen (siehe Rezept) treffen, dass das Fleisch über Nacht schön zart wird. Dann müssen Sie das Gericht morgen zur Mittagszeit nur noch einmal kurz aufwärmen.

Tag 10

Einkaufstag: Haben Sie an Speiseplan und Einkaufsliste für die nächste Woche gedacht? Hervorragend, dann können Sie wieder gut vorbereitet Ihre Vorräte auffüllen.

<u>Hier habe ich noch einige Tipps, die Sie beim Einkaufen beachten sollten:</u>

Wenn Sie einkaufen gehen, tun Sie dies niemals, wenn Sie hungrig sind! Nicht jeder ist konsequent genug und standhaft um mit knurrendem Magen am Schokoladen-Regal vorbeizugehen. Setzen Sie sich dieser Versuchung lieber nicht aus. Außerdem ist es erwiesen, dass hungrige Einkäufer mehr und vor allem ungesünder einkaufen, als sie benötigen und somit auch mehr Geld ausgeben. Halten Sie sich genau an Ihre Einkaufsliste und kaufen Sie konsequent und ohne Ausnahme nur das, was auf der Liste steht und nicht mehr!

Machen Sie sich die Mühe und lesen Sie aufmerksam die Zutatenliste der Lebensmittel. Ich habe es an anderer Stelle bereits erwähnt – Zucker versteckt sich in Nahrungsmitteln, in denen kein Mensch ihn vermuten würde…

Frühstück

Für den Start in den Tag wären heute die Himbeer-Muffins eine gute Idee. Vergessen Sie nicht, den Slowcooker auszuschalten!

Mittagessen

Lassen Sie sich die herrlich zarten „Carbonnades flamandes" schmecken! Bon appetit!

Abendessen

Was halten Sie von einem vegetarischen Gericht zum Abendessen? Probieren Sie doch die Auberginen mit Schafskäse!

Erholsamer Schlaf: Sie sollten mindestens 3 Stunden vor dem Schlafen gehen, nichts mehr essen. Ansonsten verbrennt unser Körper während der Nacht kein Fett, sondern lagert die unnötigen Kalorien als Fett ab.

Tag 11

Frühstück

Ich bin ein großer England-Fan. Nicht nur Land und Leute sind mir ans Herz gewachsen, auch die Küche ist bei weitem nicht so schlecht wie ihr Ruf. Besonders das englische Frühstück hat es mir angetan. Viel Eiweiß, wenig Kohlenhydrate, man ist gerüstet für den Tag und erst einmal lange satt. Ich habe Ihnen unter Weglassen der Kohlenhydrate „Baked beans" und Toast ein „Half English Breakfast" zusammengestellt. Probieren Sie das doch einmal aus!

Mittagessen

Nach dem reichhaltigen Frühstück empfehle ich zum Mittagessen etwas Leichtes. Wählen Sie etwas aus den „Kleinen Gerichten". Wie wäre es mit Spargel und Tomaten? Oder der Thailändischen Hühnchensuppe?

Abendessen

Und heute Abend gibt es ein leckeres Chili con Carne!

Mehr Schritte im Alltag: Bei der Hausarbeit auf der Stelle Laufen/den Stepper anwenden. Bei Hausarbeiten wie Spülen oder Bügeln bewegen wir maximal die Arme, schaffen Sie doch einfach einen gewissen Ausgleich für die Beine. Auch beim Kochen gibt es immer wieder Möglichkeiten, sich zu bewegen. Sie können z.B. einige Schritte gehen, während Sie darauf warten, dass das Wasser zu kochen beginnt oder auf dem Stepper das Gemüse schneiden. Und wie wäre es mit einem regelmäßigen Spaziergang für ihre neue bewegte Mittagspause?

Tag 12

Trinken Sie genug? 2 Liter am Tag können manchmal wirklich schwer sein. Besorgen Sie sich eine auffüllbare Trinkflasche, die Sie immer dabei haben wenn Sie spazieren gehen, einkaufen oder auf dem Weg zur Arbeit.

Frühstück

Bereiten Sie sich ein Low-Carb-Crêpe zu. Genießen Sie ihn pur oder mit etwas Hüttenkäse oder Blaubeeren.

Mittagessen

Heute Mittag gibt es entweder Schweine-Gulasch oder – sollte Ihr Hunger nicht so groß sein – Scharfe Garnelen in Knoblauch und Paprika.

Abendessen

Wählen Sie zwischen Insalata Italiana und griechischem Stifado.

Tag 13

Hinweis

Keine Angst vorm Scheitern!

Was passiert, wenn bei aller Disziplin sich doch mal eine kleine Sünde eingeschlichen hat? Jeder kennt das: Es gibt Tage, da fällt es einem besonders schwer, das Regal mit den Süßigkeiten zu ignorieren oder die Arbeitskollegin bringt leckeren Kuchen zu ihrem Geburtstag mit ins Büro, um mit den Kollegen ein bisschen zu feiern.

Sollte es Ihnen bei solchen oder anderen Gelegenheiten mal passieren, dass Sie schwach werden, ist das kein Grund sich groß darüber zu ärgern. Wie gesagt, so etwas passiert mal jedem unter uns! Wichtig ist dann nur, dass Sie die Sache abhacken und sich anschließend wieder daran erinnern, warum Sie diese Ernährungschallenge überhaupt angefangen haben. Sobald Sie sich wieder über Ihr Ziel bewusst sind, wird es Ihnen ganz leicht fallen, sich wieder auf den Low-Carb Weg zu begeben!

Frühstück

Machen Sie sich dann zum Frühstück einen gesunden, leckeren Smoothie. Entweder mit Heidelbeeren, wie in den Rezepten beschrieben, oder auch mit Himbeeren oder Brombeeren.

Mittagessen

Heute Mittag gibt es Fisch – wählen Sie einen weißen Fisch Ihrer Wahl und bereiten Sie ihn wie im Rezept beschrieben, mit Spargel zu.

Heute müssen Sie bereits etwas früher mit der Essensvorbereitung beginnen, denn zum…

Abendessen

gibt es Stifado, einen leckeren griechischen Eintopf aus Rindfleisch. Wahlweise kann auch Lamm verwendet werden. Für dieses Gericht brauchen Sie etwa 2 bis 2,5 Stunden Vorbereitung.

Tag 14

Frühstück

Wie wäre es mal wieder mit Ei? Einer meiner Frühstücksfavoriten ist das Räucherlachs-Ziegenkäse-Rührei. Probieren Sie das einmal, ist superlecker!

Mittagessen

Mögen Sie gern Kartoffelsuppe und sind etwas traurig, dass Sie die nicht mehr essen „dürfen"? Nun, dann hätte ich eine Idee. Versuchen Sie einmal die Keine-Kartoffel-Suppe. Steht dem „Original" in nichts nach, ein ganz leckeres Gericht, besonders für stürmische Herbst- und kalte Wintertag.

Abendessen

Mein Tipp für das Abendessen ist der Mahi Mahi. Dies ist ein sehr leckerer exotischer Fisch.

Gönnen Sie sich vor dem Schlafen noch ein Entspannungsbad. Morgen ist Wiege- und Belohnungstag!

Mehr Schritte im Alltag: Nehmen Sie die Treppe. Wenn Sie nicht gerade im 50. Stock arbeiten oder wohnen, entscheiden Sie sich für die Treppe, anstatt den Aufzug. Das kurbelt nicht nur den Stoffwechsel an, sondern auch Ihr Herz-Kreislauf-System und ist gesund für den Bewegungsapparat.

Tag 15

Frühstück

Eine Scheibe Lachs, eine Avocado in Scheiben, dazu ein Esslöffel Frischkäse und Gewürze – und Sie haben eines der leckersten Low-Carb-Frühstücke, das man sich vorstellen kann. Bereiten Sie direkt danach das…

Mittagessen

vor, denn heute gibt es Bœuf Bourgignon, einen Klassiker der französischen Küche Dieses Gericht muss ebenfalls länger kochen, nämlich etwa 5 Stunden.

Wieder ist eine Woche herum! Zeit für eine Belohnung! Planen Sie eine Unternehmung für den Nachmittag oder den Abend – die Besichtigung eines Schlosses oder einer Ausstellung oder der Besuch eines Konzertes oder dem Kino.

Einen Abendessen-Vorschlag gibt es heute nicht, denn Sie gehen heute essen. Wenn Sie sich an die Empfehlungen im vorangegangenen Kapitel halten, gar kein Problem. Guten Appetit!

Mehr Schritte im Alltag: Überlegen Sie, welche sitzenden Tätigkeiten sich vielleicht auch im Stehen ausführen lassen. Beispiel: Das Mobiltelefon hat seinen Namen nicht ohne Grund. Wahrscheinlich hängt Ihr Telefon zuhause auch längst an keiner Schnur mehr. Nutzen Sie diese Tatsache aus und laufen Sie in der Wohnung/im Büro umher, während Sie Telefonate führen.

Tag 16

Hinweis

Nicht vergessen, es ist wieder Zeit Speiseplan und Einkaufsliste für die nächste Woche zu erstellen!

Frühstück

Heute gibt es leckere Crêpes mit Erdbeeren und einem Klacks Sahne.

Mittagessen

Zum Mittagessen empfehle ich das Lammfilet mit griechischen Bohnen.

Abendessen

Wie wäre es mit einem Orangen-Avocado-Specksalat? Das Rezept finden Sie unter den „kleinen Gerichten".

Trinken Sie genug? Trinken Sie vor jeder Mahlzeit ein Glas Wasser.

Tag 17

Einkaufstag: Liste nicht vergessen, heute geht es wieder in den Supermarkt!

Frühstück

Was immer als Low-Carb-Frühstück geht, ist Omelett oder Rührei in allen Varianten. Ich habe bei den Rezepten drei Vorschläge für leckere Eierspeisen gemacht. Variieren Sie! Machen Sie heute ein Rührei mit Schinken, etwas Schnittlauch drauf, fertig!

Mittagessen

Ein leckeres, leichtes Mittagessen, besonders an Frühlings- und Sommertagen, ist die Hähnchen-Frühlingssuppe.

Abendessen

Gönnen Sie sich wieder einmal eine Pizza! Entweder die von mir beschriebene „Quattro Stagioni", beim Belag können Sie Ihrer Phantasie jedoch freien Lauf lassen. Geeignet sind viele Gemüsesorten wie Zucchini, Auberginen, Tomaten, Zwiebeln, Pilze. Käse wie Frischkäse, Schafskäse, Ziegenkäse, Fleisch/Wurst wie Hähnchenbrust, Rinderfiletstreifen, Schinken, Salami oder auch Fisch wie Thunfisch oder Lachs.

Tag 18

Frühstück

Ein einfaches Frühstück mit wenig Kohlenhydraten kann auch folgendes sein: Nehmen Sie ein großes Salatblatt (als Brötchenersatz sozusagen) und belegen Sie es nach Wunsch, z.B. mit Gouda, Schinken oder Salami und klappen es zu.

Mittagessen

Heute ist mal wieder Fisch-Tag. Wählen Sie zwischen Lachs auf Spinat und Feta oder Fisch auf Spargel.

Abendessen

Heute Abend gibt es einen leckeren, leichten Hähnchen-Artischocken-Salat.

Mehr Schritte im Alltag: Lassen Sie das Auto stehen. Nehmen Sie Bus und Bahn und laufen Sie von der Haltestelle zur Arbeit. Gehen Sie zu Fuß Freunde besuchen oder einkaufen, wenn der Supermarkt in der Nähe ist und Sie nur ein paar Kleinigkeiten benötigen. Falls es nicht ohne Auto geht, suchen Sie sich einen Parkplatz etwas entfernt vom Ziel und nicht direkt davor.

Tag 19

Frühstück

Machen Sie sich zum Frühstück die Himbeermuffins. Alternativ können Sie auch Blaubeeren, Johannisbeeren oder einen Mix aus mehreren Beeren verwenden.

Mittagessen

Wie wäre es heute Mittag mit dem Chili-Speck-Burger und Salat dazu?

Abendessen

Heute Abend gibt es das superleckere Orangen-Tequila-Steak mit Tomaten-Avocado-Salat.

Trinken Sie genug? Legen Sie sich einen Vorrat kleiner Wasserflaschen im Auto und im Büro an. So haben Sie immer etwas Wasser in greifbarer Nähe.

Tag 20

Wiegen

Vergessen Sie nicht, Ihr Gewicht regelmäßig zu überprüfen und das Ergebnis zu notieren. Und? Wie sieht es nach 20 Tagen bei Ihnen aus? Ich bin sicher, Sie können stolz auf sich sein!

Frühstück

Hat Ihnen die Low-Carb-Variante des English Breakfast gefallen? Wie wäre es mal wieder mit dieser herzhaften, sättigenden Frühstücksvariante?

Mittagessen

Für das Mittagessen schlage ich die Scharfen Garnelen in Knoblauch und Paprika vor.

Abendessen

Und zum Abendessen gibt es einen griechischen Hirtensalat.

Tag 21

Frühstück

Wie wäre es mal wieder mit einem frisch zubereiteten Smoothie?

Mittagessen

Zum Mittagessen wäre das Hähnchen mit Brokkoli eine gute Idee. Oder lieber das Chicken Vindaloo?

Abendessen

Zum Abendessen gibt es etwas Leckeres aus dem Meer – Forelle im Speckmantel mit Spinat oder lieber Jakobsmuscheln mit Spargel?

Glückwunsch, die ersten 3 Wochen Ihres neuen Lebens haben Sie fabelhaft gemeistert!

Belohnung: 3 Wochen vorbei, da wartet wieder eine Belohnung! Gehen Sie shoppen oder gönnen Sie sich wieder einmal ein langes, entspanntes Bad mit ätherischen Ölen und einem richtig guten Buch und einem Glas Wein!

Tag 22

Nur noch 8 Tage! Ziehen Sie ruhig schon eine kurze Bilanz – haben Sie etwas vermisst? Mussten Sie hungern? Ich bin ganz sicher, Sie haben jeden Tag lecker gegessen und mussten nicht eine Minute hungern oder verzichten. Weiter so, die letzte Woche schaffen Sie auch noch!

Frühstück

Machen Sie sich heute ein Omelett – nach Wahl mit Lachs oder mit Käse oder Pilzen – oder ganz einfach pur!

Mittagessen

Und heute Mittag gibt es Lammfilet mit griechischen Bohnen, das geht schnell und gibt Ihnen genug Zeit für Ihre Belohnung. Belohnen Sie sich mit einem halben Wellness-Tag, Massage, Sauna, Jacuzzi….alles, was dazugehört! Sie brauchen sich nicht zu beeilen, denn zum…

Abendessen

bleibt die Küche wieder kalt, jedenfalls Ihre eigene, denn auch heute, nach 3 Wochen, haben Sie es sich verdient, nicht zu kochen, sondern lecker essen zu gehen! Behalten Sie dabei die Hinweise zum auswärts Low-Carb Essen im Hinterkopf.

Tag 23

Hinweis

Die letzte Challenge-Woche steht an und das heißt für Sie: Zeit den Speiseplan für die nächste Woche zu erstellen. Natürlich sollten Sie auch wieder Ihre Einkaufsliste schreiben, denn morgen geht es wieder zum Einkaufen!

Frühstück

Heute gibt es zum Frühstück Pancakes – machen Sie diese doch einfach einmal herzhaft, ersetzen Sie Stevia mit einer Prise Salz, und anstelle von Heidel- oder Himbeeren gibt es einen Teelöffel Frischkäse und eine Scheibe Schinken oder Räucherlachs dazu.

Mittagessen

Heute Mittag essen wir mal wieder chinesisch – und zwar den Poisson à la Chinoise.

Abendessen

Meine Empfehlung zum Abendessen ist das leckere Rinderfilet-Steak in Sherrysauce.

Mehr Schritte im Alltag: Bauen Sie bewusst Laufpausen in Ihren Arbeitstag. Gerade für Leute, die überwiegend im Sitzen arbeiten kann diese Methode sinnvoll sein. Stellen Sie sich einen Timer (beispielsweise den Handywecker), der sie stündlich daran erinnert, sich 5 Minuten zu bewegen.

Tag 24

Einkaufstag: Heute geht es für Sie zum letzten Mal in den Supermarkt, zumindest im Zuge dieser Challenge. Ich bin mir fast sicher, dass Sie diese Einkaufsroutine auch in Zukunft beibehalten. So eine Routine ist ganz schön hilfreich, oder?

Frühstück

Zum Frühstück empfehle ich Crêpes mit gemischten Beeren und einem Hauch Zimt darüber.

Mittagessen

Wie wäre es mal wieder mit einer Ratatouille zum Mittagessen?

Abendessen

Meine Empfehlung für das Abendessen ist der italienische Roastbeef-Salat.

Tag 25

Frühstück

Zum Frühstück gibt es mal wieder etwas Einfaches – belegtes Salatblatt-Sandwich, wie bereits beschrieben.

Mittagessen

Heute Mittag gibt es wieder eine deftige Keine-Kartoffel-Suppe, was halten Sie davon?

Bereiten Sie rechtzeitig das Abendessen vor, denn es gibt zum…

Abendessen

wieder Stifado, und das braucht seine Zeit, um gut durch zu kochen!

Belohnung: Noch 5 Tage bis zum Ende der Challenge und nachdem Sie gestern und heute wieder Listen erstellt und Ihren Einkauf für die letzte Woche erledigt haben, lassen Sie den Tag mit einem entspannenden Bad ausklingen.

Tag 26

Trinken Sie genug? Trinken Sie vor dem Schlafengehen 1 Glas Wasser, füllen Sie es wieder auf und stellen Sie es auf den Nachttisch. Am nächsten Morgen können Sie so direkt nach dem Aufstehen Ihr 1. Glas Wasser trinken.

Frühstück

Es gibt Rührei mit Champignons.

Mittagessen

Meine Mittags-Empfehlung ist das Schweinegulasch.

Abendessen

Und die Empfehlung für das Abendessen ist die Lachssuppe.

Anschließend müssen Sie noch das Mittagessen für morgen vorbereiten. Es soll nämlich mal wieder die „Carbonnades flamandes“ geben. Die haben geschmeckt, nicht wahr? Allerdings brauchen sie lange Zeit zum Kochen, deshalb müssen Sie heute Abend noch alles vorbereiten und über Nacht kochen lassen.

Tag 27

Frühstück

Zum Frühstück gibt es mal wieder Crêpe - aber auch diesmal eine herzhafte Variante. Statt Zimt und Fruchtsirup nehmen Sie einfach etwas Salz und Pfeffer. Zu einem herzhaften Crêpe – auch Galette genannt – passt sehr gut Spinat, Speck und ein Spiegelei.

Mittagessen

Sie haben wenig Arbeit – denn die Carbonnades flamandes sind ja bereits fertig. Sie müssen Sie nur noch aufwärmen!

Abendessen

Zum Abendessen empfehle ich griechischen Salat oder Orangen-Avocado-Speck-Salat.

Mehr Schritte im Alltag: Verbringen Sie die Wochenenden draußen. Nach einer stressigen Woche sehnen wir uns alle nach Ruhe und Entspannung. Lange schlafen und den ganzen Tag auf dem Sofa verbringen klingt da natürlich überaus verlockend. Dafür sollten Sie sich aber nicht entscheiden. Gehen Sie stattdessen nach draußen. Die Natur bietet genügend Möglichkeiten der Ruhe und Entspannung. Laufen baut Stress ab und Sie kriegen den Kopf frei. Es spricht nichts dagegen, dass Sie am Wochenende ausschlafen und auch ein kurzes Mittagsschläfchen ist erlaubt. Verbringen Sie aber nicht den ganzen Tag ohne Bewegung auf der Couch.

Tag 28

Frühstück

Heute gibt es zum Frühstück mal wieder einen Smoothie aus Heidelbeeren, Himbeeren oder Brombeeren. Oder einer Mischung aus diesen.

Mittagessen

Wie wäre es zum Mittag mit einem knackigen Chefsalat?

Abendessen

Meine Empfehlung für das Abendessen ist der Balsamico-Zitronen-Knoblauch-Lachs.

Belohnung! Sie haben 28 Tage voller Vorbereitungen, Einkaufen und Umstellungen, hinter sich gebracht, Herzlichen Glückwunsch, da wird es Zeit für die erste, kleine Belohnung: Beenden Sie den Tag mit einem Entspannungsbad in Lavendel- oder Rosmarinöl und einem Glas Wein. Gute Nacht!

Tag 29

Frühstück

Machen Sie sich ein Omelett nach Wahl – z.B. mit Gemüse oder Schinken oder Krabben.

Mittagessen

Ich empfehle das Schweinekotelett – entweder mit Kein-Kartoffelsalat wie beschrieben, sehr lecker schmeckt dazu aber auch Blumenkohlpüree.

Heute Nachmittag backen Sie einen Kuchen aus den Rezepten – entweder den Zitronen-Käsekuchen oder den Sunshine-Cheesecake. Wenn Sie möchten, backen Sie auch noch ein paar Muffins und Kekse. Die sind aber für morgen!

Abendessen

Heute Abend gibt es entweder Thailändische Hühnchensuppe oder Orangen-Tequila-Steak.

Mehr Schritte im Alltag: Ersetzen Sie einen langen Spaziergang durch zwei kürzere. Vielleicht lässt Ihr Zeitplan es manchmal einfach nicht zu, sich 30 oder 45 Minuten Zeit für einen langen Spaziergang zu nehmen. Dann sollten Sie aber versuchen, die Gesamtzeit in kleinere Blöcke von mindestens 15 Minuten aufzuteilen.

Tag 30

Herzlichen Glückwunsch, der letzte Tag der Challenge ist da! Heute gehen Sie den ganzen Tag langsam und entspannt an, das haben Sie sich heute wirklich verdient!

Frühstück

nach Wahl – süß oder herzhaft. Belohnen Sie Ihr Durchhaltevermögen schon morgens mit ihrem Lieblingsrezept.

Mittagessen

Sie genießen diesen letzten Tag allein mit Ihrem Partner oder laden Sie Freunde ein. Machen Sie ein Picknick, entweder im Park, im Wald, am Strand oder im eigenen Garten. Es gibt Käsekuchen, Kekse, Muffins und Obst. Gegen Abend wird zum…

Abendessen

der Grill angeworfen, auf dem Sie nach Herzenslust Fleisch, Fisch und Gemüse zubereiten. Richten Sie ein paar Salate dazu an. Auch ein oder zwei Gläschen Wein oder Sekt dürfen heute sein. Sie haben es sich verdient!

Fazit

Die Challenge ist geschafft!

Wie lautet Ihr Fazit? Wie fühlen Sie sich jetzt? Welches Ziel/welche Ziele haben Sie erreicht? Welche Dinge sind Ihnen leicht gefallen, wo hatten Sie Probleme? Was passte gar nicht in Ihren Alltag, welche Dinge ließen sich problemlos integrieren und umsetzen? Wie leicht haben Sie Alternativen gefunden, für Dinge, die so gar nicht Ihr Ding waren?

Nehmen Sie sich einen Moment Zeit und beantworten Sie sich diese Frage ganz genau.

Wenn Sie sich auch zukünftig Low-Carb ernähren möchten, dann erstellen Sie am besten eine pro und contra Liste anhand der oben genannten Fragen und machen Sie sich direkt Notizen zu möglichen Verbesserungen, damit dieser Ernährungsstil in Zukunft keine Herausforderung mehr sein muss, sondern gewöhnlich wird.

Vielleicht planen Sie erst einmal mit 3 Low-Carb-Tagen pro Woche und bauen das Ganze dann weiter aus. Finden Sie Ihren Rhythmus und bauen Sie Low-Carb so in ihren Alltag ein, wie es für Sie am besten passt.

Damit Sie auch langfristig motiviert bleiben und es schaffen, Low-Carb zu einer Gewohnheit zu machen, sind hier noch einmal 8 wichtige Schritte für Sie zusammengefasst:

Alles Dokumentieren

Ziele: Setzen Sie sich immer wieder neue Ziele (kurzfristige und langfristige). Damit fordern Sie sich stetig neu heraus; das hält die Motivation aufrecht! (Erinnerung: Beachten Sie dabei das SMART-Prinzip.)

Erfolge: Jeder Erfolg zeigt Ihnen, dass Sie sich für den richtigen Weg entschieden haben. Deswegen sollten Sie auch hier ganz genau dokumentieren, was Sie bereits erreicht haben.

Pläne: Auch wenn Sie mit der Zeit immer tiefer in die Low-Carb-Thematik eintauchen werden und dadurch auch immer sicherer in der Umsetzung werden, sollten Sie das Erstellen von Plänen nicht aufgeben. Vorausschauend zu planen wird Ihnen auch in Zukunft dabei helfen, Ihre Tage und Wochen stressfrei zu gestalten, damit am Ende nicht doch wieder das Essen auf der Strecke bleibt.

Unterstützung finden

Suchen Sie sich Unterstützung. Partner, Freunde, Kollegen... In der Gruppe macht alles einfach viel mehr Spaß. Gleichzeitig kann man sich untereinander pushen, vergleichen und hilfreiche Tipps austauschen.

Gehen Sie gemeinsam einkaufe, kochen Sie gemeinsam und auch Spaziergänge machen gemeinsam mehr Freude als alleine.

Neben dem Spaß kommt auch die Verpflichtung: denn Absprachen in der Gruppe hält man eher ein, als eine Absprache mit sich selbst.

Kontakte können Sie auch über Facebook-Gruppen oder Internetforen finden. Nutzen Sie diese Möglichkeit, um sich mit so vielen Gleichgesinnten wie möglich zu vernetzen.

Essen Sie sich satt

Es geht ja nicht darum, sich schlank zu hungern, sondern darum, die eigene Ernährung so umzustellen, dass man weniger auf die Mengen achten muss, sondern vielmehr darauf, die richtigen Dinge zu essen. Aus diesem Grund sollten Sie auch nicht zwanghaft versuchen, so wenig wie möglich und nur kleine Portionen zu essen. Ganz im

Gegenteil: machen Sie es sich zur Gewohnheit, 3 Mahlzeiten am Tag zu sich zu nehmen, mit denen Sie sich satt essen können. Sie werden sehen, ballaststoffreiche Lebensmittel sorgen von ganz alleine dafür, dass Sie im Endeffekt weniger essen, da diese einfach besser sättigen als Kohlenhydrate.

Zwischen den Mahlzeiten können und sollten Sie außerdem kleine Snacks zu sich nehmen, wenn Sie Hunger verspüren. Achten Sie einfach darauf, dass Sie Lebensmittel wählen, die den Low-Carb-Kriterien entsprechen.

Nehmen Sie sich Zeit

Dieser Punkt gilt sowohl fürs Essen, als auch für Sie selbst. Insgesamt geht es darum, Stress zu vermeiden. Denn Stress erhöht die Wahrscheinlichkeit, dass Sie in alte Gewohnheiten zurückfallen.

Nehmen Sie sich daher immer genug Zeit zum Essen. Setzen Sie sich an einen gedeckten Tisch und vermeiden Sie es, zwischen zwei Aufgaben „mal eben schnell" zu essen. Machen Sie sie Mahlzeiten zu festen Terminen. Setzen Sie sich hin und lassen Sie sich nicht ablenken und versuchen Sie nicht, nebenher noch ein paar Dinge zu erledigen. Beim Essen sollten Sie auf keine Art Bildschirm schauen, um bewusst zu essen!

Genauso sollten Sie versuchen Ihren gesamten Alltag zu gestalten. Setzen Sie sich feste Zeiten, an denen jeden Abend der Computer, das Smartphone etc. ausgeschaltet werden. Stattdessen lassen Sie den Abend langsam und ruhig ausklingen, gehen Sie zu einer festen Zeit ins Bett und sorgen Sie so für ausreichend Schlaf.

Zu einer gesunden Lebensweise gehört nun einmal nicht nur das Essen, es geht auch darum, einen gesunden, bewussten und stressfreien Alltag zu gestalten.

Bewegen Sie sich regelmäßig

Sie müssen nicht zum Leistungssportler werden aber Sie sollten dennoch versuchen, regelmäßige Bewegung in Ihren Alltag zu integrieren. Zum einen hilft es, den Stoffwechsel anzukurbeln, zum anderen sind Sie einfach beschäftigt und abgelenkt. Das verhindert Langeweile und Langeweile ist häufig ein Grund für uns, in den Kühlschrank zu greifen. Mit anderen Worten: Aktivität verhindert überflüssiges Essen.

Gelüsten widerstehen

Eine Ernährungsumstellung kann besonders am Anfang eine echte Herausforderung sein. Unser Körper benötigt eine gewisse Zeit, um sich auf die neue Ernährungsweise einzustellen. Daher sind Heißhungerattacken in dieser Zeit keine Seltenheit. Diese Gelüste verschwinden jedoch, in der Regel, mit der Zeit. Sobald der Körper sich auf die neue

Ernährung eingestellt hat, vermisst er auch nichts mehr und Sie werden auch nicht mehr mit Heißhungerattacken zu kämpfen haben.

Auch im Laufe dieser Challenge werden Sie höchstwahrscheinlich Heißhungerattacken oder Gelüste auf zucker- oder kohlenhydrathaltige Speisen erleben. Geben Sie diesen Gelüsten nicht nach!

Stattdessen „naschen" Sie erlaubte Lebensmittel (Nüsse, Gemüsesticks, etc.), trinken Sie Wasser oder Tee. Auch eine klare Brühe kann Ihnen dabei helfen, eine Heißhungerattacke ohne schlimme Folgen zu überstehen.

Fehler sind erlaubt

Sollten Sie einmal in alte Gewohnheiten zurückfallen, lassen Sie sich davon nicht unterkriegen. Haken Sie den kleinen Fehltritt einfach ab; Nobody is perfect. Ein schwacher Augenblick ist noch lange kein Grund, dass Sie Ihr ganzes Vorhaben über Bord werfen. Wichtig ist, dass Sie diese alte Gewohnheit sofort wieder durchbrechen. Denken Sie an Ihr Ziel!

Belohnungen

Jeder Erfolg verdient es, gefeiert zu werden. Egal wie klein und sei es nur die Tatsache, dass Sie drei Tage durchgehalten haben. Belohnen Sie sich, wenn Sie eines Ihrer Ziele erreicht haben. Eine Belohnung muss dabei nichts mit Essen zu tun haben: Gönnen Sie sich einen neuen Pullover oder ein neues Kleid. Nehmen Sie ein langes, heißes Bad oder lesen Sie den Krimi, der schon seit einiger Zeit im Regal steht. Ein Wellness-Wochenende, ein Kinobesuch, ein Konzert, usw.... Die Möglichkeiten sind unendlich!

Diese Schritte werden Ihnen dabei helfen, aus der Ernährungsumstellung einen Lebensstil zu formen. Sie werden sich mit der Zeit so daran gewöhnen, dass Low-Carb bald ein fester Bestandteil von Ihnen sein wird. Die Umsetzung wird Ihnen immer leichter fallen und bald werden Sie sich darüber überhaupt keine Gedanken mehr machen, sondern es einfach als Gewohnheit umsetzen.

Denken Sie daran, dass gesunde Ernährung eine langfristige Lebenseinstellung ist, keine zeitbegrenzte Crash-Diät!

"IT'S ALL ABOUT BUILDING THE RIGHT HABITS." – Es geht darum, die richtigen Gewohnheiten zu schaffen! Mit den richtigen Gewohnheiten ist Erfolg vorprogrammiert.

55 LECKERE REZEPTE

Zum Abschluss dieses Buches möchte ich Ihnen eine Auswahl an Low Carb-Rezepten vorstellen. Sie werden staunen, was alles ohne bzw. mit nur sehr wenigen Kohlenhydraten möglich ist, wie lecker und reichhaltig man damit essen kann. Alle Rezepte sind für zwei Personen berechnet – mit Ausnahme der Süßspeisen am Ende dieses Kapitels, wie Kekse und Kuchen. Am Ende eines jeden Rezeptes finden Sie Angaben zu Kalorien, Kohlenhydrat-, Fett- und Eiweißgehalt sowie zur Zubereitungszeit und zum Schwierigkeitsgrad. Die Nährwertangaben sind jeweils für eine Portion berechnet.

Am Ende dieses Kapitels kommt auch noch eine kleine Auswahl an Süßem. Verwendet werden vor allem in den „süßen", aber auch in anderen Rezepten hin und wieder Süßstoffe wie Stevia oder Sucralose. Sucralose (E 955) ist ein Süßstoff, der deutlich stärker süßt als Kristallzucker. Sie wird als Flüssigsauce vertrieben und ist „kalorienfrei". Des Weiteren wird bei einigen Rezepten „Vanille Whey Protein Pulver" verwendet (engl. Whey = Molke). Dies ist ein zuckerfreies Molkepulver, das Sie in Drogeriemärkten und Reformhäusern, aber auch im Online-Handel (z.B. Amazon) finden können.

Viel Spaß beim Entdecken und Ausprobieren!

FRÜHSTÜCK

HALF ENGLISH BREAKFAST

ZUTATEN (für 2 Portionen)

4 Eier
4 Nürnberger Würstchen
4 Streifen Speck
200 g Champignons (am besten frisch, aus der Dose ist auch in Ordnung)
2 Scheiben Blutwurst
2 Tomaten
etwas Butter

ZUBEREITUNG

1 Erhitzen Sie die Butter in einer Pfanne und braten Sie die Würstchen und die Blutwurst scharf an. Erhitzen Sie gleichzeitig etwas Wasser in einem Topf. Sind Wurst und Würstchen angebraten, stellen Sie sie warm und braten Sie die Champignons für etwa 3 Minuten an. Stellen Sie dann auch diese warm.

2 Braten Sie nun den Speck kross an (etwa 4-5 Minuten) und stellen Sie ihn zu den Pilzen und Würstchen. Wenn das Wasser kocht, lassen Sie die Tomaten etwa 2 bis 3 Minuten ziehen.

3 Als letztes braten Sie die Eier zu Spiegeleiern oder Rühreiern, je nach Geschmack. Servieren Sie Eier, Champignons, Würstchen, Speck, Blutwurst und Tomaten auf einem Teller.

4 Wenn Ihnen die Blutwurst dann doch „zu Englisch“ ist, können Sie sie selbstverständlich weglassen. Den Namen „Half English Breakfast“ habe ich gewählt, da zu einem „Full English“ auch kohlenhydratreiche Zutaten wie Toast und gebackene Bohnen gehören.

KCAL	EW	KH	FETT	LEVEL
1086	50g	16g	84g	leicht

HIMBEERMUFFINS

ZUTATEN (für 2 Portionen)

4 Eier
100 g Himbeeren, frisch oder tiefgefroren
2 TL Stevia
50 g Kokosmehl
½ TL Vanille-Whey-Pulver
½ TL Backpulver
20 g Butter
eine ganz kleine Prise Salz
2 EL Wasser

ZUBEREITUNG

1 Heizen Sie den Backofen auf 190° C vor. Mixen Sie zunächst die Eier mit der Butter, fügen Sie anschließend Backpulver, Whey-Pulver, Stevia, Salz und Kokosmehl hinzu. Geben Sie dann langsam das Wasser hinzu und vermischen Sie alles zu einer homogenen Masse.

2 Heben Sie dann die Himbeeren unter, füllen Sie das Ganze in Muffinförmchen und backen Sie sie 15 bis 20 Minuten, bis die Muffins goldbraun sind.

KCAL	EW	KH	FETT	LEVEL
184	12g	12g	8g	leicht

HEIDELBEER-SMOOTHIE

ZUTATEN (für 2 Portionen)

250 g Heidelbeeren, frisch oder gefroren
50 g Erdbeeren, frisch oder gefroren
2 Tassen Mandelmilch
etwas Rucola (nach Geschmack)
1 Teelöffel Vanille-Extrakt

ZUBEREITUNG

1. Geben Sie Milch und Rucola in den Mixer. Fügen Sie nun die Beeren hinzu und zum Schluss die Vanille.
2. Mixen Sie das Ganze gut durch und servieren Sie. Ein Smoothie ist eine gute Idee für Menschen, die es lieber süß mögen und denen „richtiges" Essen am Morgen schwerfällt.

KCAL	EW	KH	FETT	LEVEL
95	2g	6g	3g	leicht

RÄUCHERLACHS-ZIEGENKÄSE-RÜHREI

ZUTATEN (für 2 Portionen)

4 Eier
100 ml Crème fraîche
1 Frühlingszwiebel, klein gehackt
1 TL frischer Dill, gehackt
100 g Ziegenfrischkäse
100 g geräucherter Lachs
1 TL Butter
Salz und Pfeffer

ZUBEREITUNG

1. Verrühren Sie die Eier, die Crème fraîche und den Dill, würzen Sie nach Geschmack mit Pfeffer und Salz.
2. Erhitzen Sie die Butter in einer Pfanne und braten Sie zunächst die Frühlingszwiebel für etwa eine Minute an. Fügen Sie dann die Ei-Masse hinzu und braten Sie sie unter häufigem Umrühren etwa 1 bis 1 ½ Minuten.
3. Fügen Sie dann Ziegenkäse und Lachs hinzu, rühren Sie nochmals um und lassen Sie alles noch einmal gut durchziehen, dann servieren Sie.

KCAL	EW	KH	FETT	LEVEL
534	38g	6g	44g	leicht

SPINAT-TOMATEN-OMELETT

ZUTATEN (für 2 Portionen)

3 bis 4 Eier
100 g frischer Blattspinat oder Babyspinat
2 – 3 Kirschtomaten
1 Frühlingszwiebel
1 EL Öl
2 EL Sahne oder Schmand
etwas Knoblauch (nach Geschmack)
eine Prise Muskat
Salz und Pfeffer

ZUBEREITUNG

1 Schneiden Sie die Frühlingszwiebel in dünne Scheiben, erhitzen Sie das Öl in einer Pfanne und braten Sie die Zwiebeln – nach Geschmack mit dem Knoblauch – an. Geben Sie anschließend den Spinat hinzu und braten Sie ihn mit.

2 Verquirlen Sie in der Zwischenzeit die Eier mit Sahne/Schmand, geben Sie der Mischung Muskat, Salz und Pfeffer hinzu. Ist der Spinat in der Pfanne zusammengefallen, geben Sie die Eier-Sahne-Mischung sowie die halbierten Kirschtomaten hinzu.

3 Lassen Sie das Omelett bei mittlerer Hitze stocken. Sobald es eine goldbraune Farbe hat – nach ca. 4 Minuten – wenden Sie es und braten Sie es auf mittlerer Hitze noch einmal ca. 4 Minuten. Dann kann serviert werden.

KCAL	EW	KH	FETT	LEVEL
179	9g	4g	14g	leicht

CRÊPES

ZUTATEN (für 2 Portionen)

60 g Frischkäse
2 Eier
½ TL Zimt
1 TL zuckerfreier Fruchtsirup, z.B. Heidelbeere oder Himbeere
1 TL Butter
Früchte nach Wahl, z.B. Blaubeeren, Johannisbeeren, Erdbeeren

ZUBEREITUNG

1 Vermischen Sie den Frischkäse und die Eier zu einer cremigen Konsistenz. Fügen Sie dann Sirup und Zimt hinzu und mischen Sie dies gut unter.

2 Erhitzen Sie die Butter in einer Pfanne, reduzieren Sie dann die Hitze und füllen Sie einige Löffel der vorbereiteten Mischung in die Pfanne. Der Boden der Pfanne muss gerade so bedeckt sein. Braten Sie die Crêpe etwa 1-2 Minuten von jeder Seite bis es schön goldbraun ist. Streuen Sie einen Hauch Zimt darüber und servieren Sie die Crêpe mit Früchten Ihrer Wahl, wie Erdbeeren, Johannisbeeren oder Blaubeeren.

KCAL	EW	KH	FETT	LEVEL
183	7g	2g	17g	leicht

KRABBEN-OMELETT

ZUTATEN (für 2 Portionen)

4 Eier
2 Frühlingszwiebeln, in Scheiben geschnitten
60 g Krabben, geschält
1 TL Emmentaler, geraspelt
1 EL Sahne
1 TL Butter
1 EL Mayonnaise
Salz und Pfeffer nach Geschmack

ZUBEREITUNG

1. Vermischen Sie die Krabben mit den Frühlingszwiebeln und stellen Sie sie beiseite. Verquirlen Sie die Eier mit der Sahne und dem Käse zu einer homogenen Masse. Würzen Sie nach Geschmack mit Salz und Pfeffer.

2. Erhitzen Sie die Butter in einer Pfanne und geben Sie die Ei-Sahne-Käse-Mischung dazu. Lassen Sie sie stocken. Anschließend wenden Sie das Omelett und braten es von der anderen Seite einige Minuten. Dann sollte das Omelett goldbraun und der Käse innen schön geschmolzen sein.

3. Bestreichen Sie die obere Seite mit einer dünnen Schicht Mayonnaise und verteilen Sie die Krabben-Zwiebel-Mischung darauf. Nun kann serviert werden!

KCAL	EW	KH	FETT	LEVEL
236	19g	1g	17g	leicht

PANCAKES

ZUTATEN (für 2 Portionen)

50 g Whey-Proteinpulver
50 ml Sojamilch
2 Eier
25 g gemahlene Mandeln
etwas Stevia
1 EL Öl

ZUBEREITUNG

1 Trennen Sie zwei Eier und schlagen Sie das Eiweiß mit einem Mixer oder Rührbesen steif. Das zuvor vom Eigelb getrennte Eiweiß mit einem Handrührgerät steif schlagen. Verrühren Sie anschließend die Sojamilch, das Whey-Proteinpulver und die gemahlenen Mandeln. Fügen Sie nach Geschmack etwas Stevia hinzu.

2 Heben Sie diese Mischung in den Eischnee unter und verrühren Sie alles. Erhitzen Sie das Öl in der Pfanne und geben Sie jeweils einen Esslöffel der Masse hinein, braten Sie diese von beiden Seiten etwa 2 Minuten.

3 Sie können die Pancakes pur oder auch mit Heidelbeeren, Himbeeren, Erdbeeren oder Quark servieren.

KCAL	EW	KH	FETT	LEVEL
234	24g	3g	12g	leicht

MITTAGESSEN

BLUMENKOHLREIS

ZUTATEN (für 2 Portionen)

½ Blumenkohl

ZUBEREITUNG

1. Zerteilen Sie den Blumenkohl zunächst in grobe Stücke und anschließend in sehr kleine Stücke. Am besten erledigt das die Küchenmaschine, Sie können aber auch eine Reibe benutzen.
2. Dann kochen Sie den zerkleinerten Blumenkohl in der Mikrowelle – am besten in einer mikrowellenfesten, mit einer Plastikfolie abgedeckten Form. Nach etwa 3 Minuten sollte der Blumenkohlreis gar sein.
3. Nach dem Kochen wird er gesalzen und schon haben Sie ein wunderbares kleines Gericht oder auch eine Beilage, die sehr gut Reis oder Kartoffeln ersetzen kann und eigentlich zu fast allen Fisch- und Fleischgerichten passt.

KCAL	EW	KH	FETT	LEVEL
40	4g	8g	0g	leicht

BLUMENKOHLPÜREE

ZUTATEN (für 2 Portionen)

½ Blumenkohl
½ TL Butter
etwas Salz

ZUBEREITUNG

1. Kochen Sie den Blumenkohl, bis er weich, aber noch bissfest ist. Pürieren Sie ihn anschließend im Mixer zu Brei.
2. Fügen Sie anschließend Butter und Salz hinzu, und schon haben Sie eine weitere leckere Beilage. Blumenkohlpüree und Blumenkohlreis stehen zwar hier bei den Mittagsgerichten, passen aber selbstverständlich auch zu vielen Abendmahlzeiten.

KCAL	EW	KH	FETT	LEVEL
48	4g	8g	1g	leicht

BŒUF BOURGIGNON MIT BLUMENKOHLREIS

ZUTATEN (für 2 Portionen)

300 g Rindfleisch aus der Hüfte, in Würfel geschnitten
20 ml Olivenöl
80 ml trockener Rotwein
½ kleine Zwiebel, klein geschnitten
80 g Pilze
½ grüne Paprika
Salz, Pfeffer, getrockneter Oregano
Blumenkohlreis

ZUBEREITUNG

1 Heizen Sie den Backofen auf 120° C vor. Braten Sie das Rindfleisch scharf im Öl an. Geben Sie das angebräunte Fleisch in eine verschließbare Backform oder einen Bräter.

2 Geben Sie den Wein hinzu und fügen Sie anschließend Paprika, Pilze, Zwiebeln, Salz, Oregano und Pfeffer hinzu. Verrühren Sie alles und stellen Sie den Bräter zugedeckt in den Backofen.

3 Lassen Sie das Fleisch 5 Stunden braten und servieren Sie es anschließend mit dem oben beschriebenen Blumenkohlreis.

KCAL	EW	KH	FETT	LEVEL
352	38g	12g	12g	mittel

FISCH UND SPARGEL IN ESTRAGON-SENFSAUCE

ZUTATEN (für 2 Portionen)

350 g Fisch, z.B. Kabeljau, Seelachs, Seezunge
10 Stangen grüner Spargel
30 g Sauerrahm
15 g Mayonnaise
¼ TL getrockneter Estragon
½ TL Senf
1 TL Butter
Salz

ZUBEREITUNG

1 Schälen Sie den Spargel und kochen Sie ihn für etwa 8 – 10 Minuten in Salzwasser. Währenddessen verrühren Sie Sauerrahm, Mayonnaise, Estragon und Senf. Nehmen Sie nun den Spargel aus dem Wasser und stellen Sie ihn beiseite.

2 Braten Sie den Fisch kurz in der Butter an, bedecken Sie ihn anschließend mit der Sauce und lassen Sie alles noch einmal 5 Minuten durchköcheln.

3 Geben Sie jetzt den Spargel hinzu und lassen Sie alles noch einmal 2 – 3 Minuten durchziehen (nicht mehr kochen!) und servieren Sie.

KCAL	EW	KH	FETT	LEVEL
392	2g	4g	8g	leicht

Hähnchen in Pilzsauce und Brokkoli

ZUTATEN (für 2 Portionen)

200 bis 250 g Hähnchenbrust
1 TL Butter
50 g Pilze, in Scheiben geschnitten
200 ml Crème fraîche
½ Knoblauchzehe, klein gehackt
Salz und Pfeffer
250 g Brokkoli (frisch oder tiefgefroren)

ZUBEREITUNG

1. Erhitzen Sie Wasser in einem Topf und kochen Sie den Brokkoli weich aber noch bissfest. Lassen Sie ihn abtropfen und stellen Sie ihn beiseite.
2. Braten Sie nun das Hähnchen in der Butter für ca. 2 Minuten an. Geben Sie Knoblauch, Salz und Pfeffer hinzu. Wenn das Hähnchen schön braun ist, stellen Sie es beiseite.
3. Geben Sie nun die Pilze in die Butter und braten Sie diese ebenfalls an, bis sie braun sind. Geben Sie die Crème fraîche hinzu und rühren Sie alles um.
4. Geben Sie die Hähnchenbrüste nun zurück in die Pfanne und erwärmen Sie sie erneut. Schwenken Sie den Brokkoli noch kurz mit durch. Nun kann serviert werden.

KCAL	EW	KH	FETT	LEVEL
485	31g	6g	37g	mittel

LACHS AUF SPINAT UND FETA

ZUTATEN (für 2 Portionen)

2 Lachsfilets à ca. 180 g
80 g Frischkäse
115 g Schafskäse (zerbröselt)
50 g frischer Spinat
2 TL Olivenöl
2 Frühlingszwiebeln, klein gehackt

ZUBEREITUNG

1 Heizen Sie den Backofen auf 180° C vor. Vermischen Sie Spinat, Frischkäse und Schafskäse miteinander. Fügen Sie dann die Frühlingszwiebeln der Mischung hinzu.

2 Geben Sie nun die Mischung auf ein Lachsfilet und legen Sie das andere darauf. Bestreichen Sie beide Seiten mit Olivenöl und lassen Sie den Fisch für 20 Minuten backen. Schneiden Sie ihn vor dem Servieren in Scheiben.

KCAL	EW	KH	FETT	LEVEL
442	31g	11g	32g	leicht

LAMMFILET IN BALSAMICO-MINZ-SAUCE MIT BOHNEN

ZUTATEN (für 2 Portionen)

400 g Lammfilet
3 EL Olivenöl
½ Rinderbrühwürfel
1 EL Balsamico-Essig
½ Stängel frische Minze, klein geschnitten
½ kleine Zwiebel, klein gehackt
½ Knoblauchzehe, klein gehackt
250 g grüne Bohnen, tiefgefroren
60 ml geschälte Tomaten aus der Dose
30 ml Hühner- oder Rinderbrühe
30 ml trockener Weißwein

ZUBEREITUNG

1 Erhitzen Sie die Hälfte des Olivenöls in einer Pfanne und braten Sie darin Zwiebeln und Knoblauch an. Fügen Sie dann die Bohnen hinzu und garen Sie alles etwa 7 – 8 Minuten. Geben Sie anschließend die Tomaten, den Wein und die Brühe hinzu. Reduzieren Sie die Hitze und lassen Sie alles garen, bis die Bohnen weich, aber noch bissfest sind (ca. 5 Minuten).

2 Braten Sie gleichzeitig in einer zweiten Pfanne die Lammfilets etwa 5 bis 7 Minuten pro Seite. Währenddessen lösen Sie den Brühwürfel in kochendem Wasser auf und rühren dann den Balsamico-Essig unter.

3 Nehmen Sie die Filets nun aus der Pfanne und geben Sie die Mischung aus Wasser, Rinderbrühe und Essig hinein. Lassen Sie sie kurz aufkochen und fügen Sie dann die klein geschnittene Minze hinzu. Geben Sie die Sauce auf die Lammfilets, fügen Sie das Gemüse hinzu und servieren Sie.

KCAL	EW	KH	FETT	LEVEL
516	50g	10g	32g	mittel

POISSON À LA CHINOISE AUX LÉGUMES

ZUTATEN (für 2 Portionen)

350 g Fischfilet, z.B. Kabeljau, Seelachs, Dorade
30 ml Sherry dry
25 ml Sojasauce
1 TL geriebenen Ingwer
1 Knoblauchzehe, klein gehackt
2- 3 TL Sesamöl
1 oder 2 Frühlingszwiebeln, klein gehackt
1 rote Paprika
150 g Champignons
½ Zucchini
10 g Sojasprossen

ZUBEREITUNG

1 Mixen Sie Sherry, Sojasauce, Ingwer, Knoblauch und Sesamöl und verrühren Sie sie gut. Schneiden Sie Champignons, Paprika und Zucchini in Scheiben oder Stücke und braten diese etwa 3 Minuten an. Geben Sie die Sojasprossen und Frühlingszwiebeln dazu und braten Sie das Ganze eine weitere Minute.

2 Braten Sie nun die Fischfilets an, geben Sie dann etwas Wasser hinzu und lassen Sie den Fisch etwa 5 Minuten köcheln. Geben Sie anschließend das Gemüse zum Fisch, die vorbereitete Sauce darüber und lassen Sie alles weitere 2 – 3 Minuten köcheln. Nun kann serviert werden!

KCAL	EW	KH	FETT	LEVEL
304	39g	10g	10g	mittel

CHEF-SALAT

ZUTATEN (für 2 Portionen)

100 g Blattsalat, z.B. Eisberg, Kopfsalat, Feldsalat, Lollo rosso oder Lollo bianco
60 g Putenbrust
60 g gekochter Schinken
60 g Roastbeef
60 g Käse, z.B. Gouda, Emmentaler oder Appenzeller
½ grüne Paprika, in Stücke oder Ringe geschnitten
½ rote Zwiebel, klein geschnitten
2 hartgekochte Eier, halbiert
1 Tomate, klein geschnitten
1 TL Zitronensaft
1 EL extra-natives Olivenöl
1 TL Worcester-Sauce
1 Eigelb

ZUBEREITUNG

1 Braten Sie die Putenbrust ca. 4 Minuten scharf an. Verteilen Sie dann die Salatblätter auf zwei Teller. Fügen Sie anschließend die noch warme Putenbrust, den Schinken, das Roastbeef und den Käse hinzu.

2 Nun kommen noch die halbierten Eier, die Paprika, die Tomate und die Zwiebel dazu.

3 Bereiten Sie aus dem Olivenöl, dem Zitronensaft, der Worcester-Sauce und dem Eigelb ein Dressing zu und geben Sie es über den Salat.

KCAL	EW	KH	FETT	LEVEL
398	31g	9g	26g	leicht

HÄHNCHEN-FRÜHLINGSSUPPE

ZUTATEN (für 2 Portionen)

500 ml Hühnerbrühe
100 g Pilze, z.B. Champignons, in Scheiben geschnitten
100 g Spargel (frisch oder aus der Konserve)
200 g Hähnchenbrust, gewürfelt
30 ml Sherry dry
8 ml Sojasauce
je eine Prise Pfeffer und Salz
1 Frühlingszwiebel, klein geschnitten

ZUBEREITUNG

1 Falls Sie frischen Spargel verwenden, kochen Sie zunächst den Spargel ca. 7 Minuten in etwas Salzwasser. Bei Spargel aus der Konserve ist dies nicht notwendig.

2 Braten Sie anschließend die Hähnchenbrust etwa 3 Minuten an, geben Sie dann die Champignons hinzu, braten Sie auch diese nochmal 1 bis 2 Minuten an.

3 Dann erhitzen Sie die Hühnerbrühe, geben die Fleischstücke, die Pilze, die Sojasauce und den Sherry hinzu und lassen alles zusammen 10 Minuten kochen.

4 Würzen Sie anschließend mit etwas Salz und Pfeffer und servieren Sie die Suppe dekoriert mit der klein geschnittenen Frühlingszwiebel.

KCAL	EW	KH	FETT	LEVEL
261	42g	8g	4g	leicht

SCHWEINEKOTELETT IN SENFSAUCE MIT KEIN-KARTOFFEL-SALAT

ZUTATEN (für 2 Portionen)

¼ Blumenkohl, in kleine Stücke geschnitten
15 g rote Zwiebel, klein geschnitten
20 g Sellerie, klein geschnitten
1 hartgekochtes Ei, klein geschnitten
30 g Mayonnaise
5 ml Essig
2 Schweinekoteletts
2 EL Olivenöl
2 EL trockener Weißwein
2 EL Crème fraîche
2 EL Senf
Salz und Pfeffer

ZUBEREITUNG

1 Sie mögen gern Kartoffelsalat, und der Verzicht fällt schwer? Nun, sie werden erstaunt sein, wie sehr dieser Kein-Kartoffel-Salat dem Original im Geschmack ähnelt!

2 Kochen Sie den Blumenkohl ca. 7 Minuten in leicht gesalzenem Wasser. Lassen Sie ihn weitere 5 Minuten ziehen. Dann ist er weich, aber noch bissfest. Gießen Sie das Wasser ab und vermischen Sie den Blumenkohl mit Zwiebel und Sellerie. Bereiten Sie in einer Schüssel das Dressing aus Mayonnaise, Salz, Essig und Pfeffer zu. Heben Sie es unter den Blumenkohl und mischen Sie gut. Lassen Sie den Salat mindestens eine Stunde durchziehen. Bereiten Sie in dieser Zeit die Koteletts zu.

3 Würzen Sie die Koteletts mit Pfeffer und Salz. Erhitzen Sie das Öl in einer Pfanne und braten Sie die Koteletts darin an. Halten Sie das Fleisch anschließend warm. Geben Sie nun den Weißwein in die Pfanne und rühren Sie gut um. Rühren Sie dann den Senf und die Crème fraîche ein und lassen Sie alles etwa eine Minute köcheln. Geben Sie die Sauce nun über die Koteletts, geben Sie das kleingehackte Ei über den Kein-Kartoffelsalat und servieren Sie.

KCAL	EW	KH	FETT	LEVEL
436	18g	7g	36g	mittel

CARBONNADES FLAMANDES (RINDSGULASCH IN BIERSAUCE)

ZUTATEN (für 2 Portionen)

300 bis 350 g Rind aus der Hüfte, in Würfel geschnitten
½ Zwiebel, klein geschnitten
1 EL Olivenöl
½ Karotte, klein geschnitten
½ Steckrübe, klein geschnitten
1 TL Stevia
12 ml Bier
20 ml Rotweinessig
eine Messerspitze Melasse
10 ml Rinderbrühe
½ TL Rinderbrühkonzentrat
1 Knoblauchzehe
1 TL Worcestersauce
½ TL getrockneter Thymian
1 Lorbeerblatt
Salz und Pfeffer
etwas Guarkernmehl zum Andicken
Blumenkohlpüree

ZUBEREITUNG

1. Erhitzen Sie das Olivenöl in einer Pfanne und braten Sie das Rindfleisch kurz und scharf darin an. Anschließend legen Sie das Fleisch in einen Slowcooker und fügen die kleingeschnittenen Zwiebeln, Steckrüben und Karotten hinzu und vermischen alles. Verrühren Sie in einer Schüssel Bier, Essig, Stevia, Melasse, Brühkonzentrat, Worcestersauce, Brühe, Knoblauch, Thymian, Salz und Pfeffer. Geben Sie die Mischung ebenfalls in den Slowcooker. Platzieren Sie obenauf das Lorbeerblatt. Schließen Sie den Slowcooker, stellen Sie ihn auf die niedrigste Stufe und lassen Sie alles für 8 Stunden kochen. Wenn die Zeit um ist, entfernen Sie das Lorbeerblatt und fügen etwas Guarkernmehl hinzu.
2. Fertigen Sie 10 Minuten vor Ende des Kochens das Püree zu und servieren Sie.
3. Carbonnades flamandes gehören zu den beliebtesten Gerichten in meiner Wahlheimat Belgien.

KCAL	EW	KH	FETT	LEVEL
305	35g	11g	10g	mittel

KOKOS-CURRY-GARNELEN

ZUTATEN (für 2 Portionen)

400 g Garnelen, geschält
350 ml Kokosmilch
1 EL Currypulver
1 Knoblauchzehe, klein gehackt oder gepresst
1 bis 1 ½ TL Chilipaste
1 TL Fischsauce
2 Frühlingszwiebeln, klein geschnitten
12 g Koriander, klein gehackt

ZUBEREITUNG

1. Mischen Sie die Kokosmilch, das Currypulver, den Knoblauch, den Koriander und die Chilipaste miteinander. Erhitzen Sie die Mischung für 8 bis 10 Minuten.
2. Fügen Sie dann die Garnelen und die Fischsauce hinzu und lassen Sie alles noch einmal 5 bis 7 Minuten kochen. Dann sollten die Garnelen schön rosa sein.
3. Nun geben Sie noch die geschnittenen Frühlingszwiebeln hinzu und lassen alles eine weitere Minute köcheln. Nun kann serviert werden.

KCAL	EW	KH	FETT	LEVEL
172	50g	3g	4g	leicht

RATATOUILLE

ZUTATEN (für 2 Portionen)

1 Aubergine, in Stücke geschnitten
1 rote Paprikaschote, in Stücke geschnitten
1 gelbe Paprikaschote, in Stücke geschnitten
1 Zucchini, in Stücke geschnitten
1 Zwiebel, klein gehackt
2 Knoblauchzehen, klein gehackt
2 EL Olivenöl
Salz und Pfeffer
1 Dose geschälte Tomaten
40 ml trockener Weißwein
Rosmarin, Thymian, Basilikum

ZUBEREITUNG

1. Erhitzen Sie das Olivenöl und dünsten Sie darin Zwiebeln und Knoblauch. Geben Sie anschließend das Gemüse (außer den Tomaten) dazu und dünsten Sie es weitere 5 Minuten.
2. Geben Sie dann Tomaten und Wein dazu und lassen Sie das Ganze weitere 15 Minuten köcheln.
3. Geben Sie nun Salz, Pfeffer und die Kräuter dazu. Nun kann serviert werden!

KCAL	EW	KH	FETT	LEVEL
270	6g	30g	14g	leicht

CHICKEN VINDALOO

ZUTATEN (für 2 Portionen)

2 Hähnchenkeulen
¼ Zwiebel, klein gehackt
1 Knoblauchzehe, klein gehackt oder gepresst
2 – 3 g geriebenen Ingwer
½ TL Würzmischung Garam Massala
1 Prise geriebener Kurkuma
10 ml Limettensaft
10 ml Reisweinessig
20 – 30 ml Hühnerbrühe
etwas Salz
Blumenkohlreis

ZUBEREITUNG

1 Bereiten Sie den Blumenkohlreis vor wie weiter oben beschrieben. Geben Sie die Hähnchenkeulen, die Zwiebel und den Knoblauch in einen Garkochtopf.

2 Rühren Sie die restlichen Zutaten in einer Schüssel zusammen. Geben Sie die Mischung auf das Fleisch und lassen Sie alles für 6 – 7 Stunden auf niedrigster Stufe kochen. Nun kann das Hähnchen serviert werden.

KCAL	EW	KH	FETT	LEVEL
194	25g	4g	9g	mittel

KEINE-KARTOFFEL-SUPPE

ZUTATEN (für 2 Portionen)

½ Blumenkohl, in Röschen geschnitten
1 Stange Sellerie, in Stücke geschnitten
½ Zwiebel, klein geschnitten
120 g Wurst, in Würfel geschnitten (Wiener Wurst oder Bockwurst, wahlweise auch Bratwurst oder gekochten Schinken)
1 EL Öl
500 ml Rinderbrühe
1 EL Essig
¼ TL Selleriesamen
¼ TL Senf
Salz und Pfeffer nach Belieben
100 g Krautsalat

ZUBEREITUNG

1 Geben Sie den Blumenkohl, den Sellerie und die Zwiebelstücke in einen Slowcooker. Braten Sie die Wurststücke kurz scharf im Öl an und fügen Sie sie dann dem Topf hinzu. Geben Sie 100 ml Rinderbrühe hinzu.

2 Mischen Sie anschließend den Rest der Brühe mit dem Essig, den Selleriesamen und dem Senf und würzen Sie mit Salz und Pfeffer. Geben Sie diese Mischung auf Gemüse und Wurst. Lassen Sie nun alles auf kleiner Stufe zugedeckt für 8 Stunden kochen.

3 Wenn die Zeit um ist, rühren Sie den Krautsalat unter und lassen Sie das Ganze erneut für 20 bis 30 Minuten kochen.

KCAL	EW	KH	FETT	LEVEL
408	18g	22g	28g	mittel

SCHWEINEGULASCH MIT BLUMENKOHLREIS

ZUTATEN (für 2 Portionen)

500 bis 600 g Schweinefleisch, z.B. aus der Lende, in Würfel geschnitten
1 TL Olivenöl
1 TL Butter
½ Zwiebel, klein gehackt
1 Knoblauchzehe
30 bis 40 g Karotten, klein gehackt
70 g Champignons, klein geschnitten
150 ml Hühner- oder Rinderbrühe
Salz und Pfeffer
eine Prise Gewürznelken (gemahlen)
etwas Guarkernmehl nach Geschmack
Blumenkohlreis wie oben beschrieben

ZUBEREITUNG

1. Erhitzen Sie Olivenöl und Butter und dünsten Sie darin die Zwiebeln und den Knoblauch an. Fügen Sie anschließend das Fleisch hinzu und braten Sie es scharf an.
2. Geben Sie nun die übrigen Zutaten bis auf Pfeffer und Guarkernmehl hinzu und lassen Sie das Ganze unter gelegentlichem Umrühren für 2 bis 3 Stunden auf kleiner Flamme kochen.
3. Würzen Sie erst jetzt mit Pfeffer und fügen Sie zum Schluss noch etwas Guarkernmehl zum Andicken hinzu.

KCAL	EW	KH	FETT	LEVEL
408	18g	22g	18g	mittel

ABENDESSEN

RINDERFILET IN SHERRYSAUCE MIT GERÖSTETEM GEMÜSE

ZUTATEN (für 2 Portionen)

250 g Rinderfilet
1 Knoblauchzehe, fein gehackt
20 ml Sherry
20 ml Rinderbrühe
6 Stangen grüner Spargel
1 Zucchini
¼ Blumenkohl
¼ Brokkoli
Salz und Pfeffer
3 EL Olivenöl
Pfeffer und Salz
1 Esslöffel frischer Thymian, gehackt
etwas Chili
ein Stängel Rosmarin

ZUBEREITUNG

1 Schneiden Sie das Gemüse mundgerecht und mischen Sie dieses anschließend mit 2 EL Öl, Salz, Pfeffer, Knoblauch, Rosmarin und Chili. Verteilen Sie alles auf einem Backblech und lassen Sie das Gemüse bei ca. 200° C für etwa 10 bis 15 Minuten backen.

2 Erhitzen Sie währenddessen das restliche Öl in einer Pfanne. Würzen Sie die Filets mit Salz und Pfeffer und braten Sie sie kurz an. Reduzieren Sie währenddessen die Hitze. Beide Seiten sollten für „medium“ etwa 4 Minuten gebraten werden. Gleichzeitig sollte auch das Gemüse fertig werden. Nehmen Sie das Fleisch dann aus der Pfanne und stellen Sie es kurz beiseite.

3 Geben Sie nun Rinderbrühe und Sherry in die Pfanne, lassen Sie beides einkochen und reduzieren. Geben Sie anschließend die Sauce auf das Filetsteak, dekorieren Sie es mit Thymian und servieren Sie es mit dem Gemüse.

KCAL	EW	KH	FETT	LEVEL
494	32g	12g	32g	mittel

BALSAMICO-ZITRONEN-KNOBLAUCH-LACHS

ZUTATEN (für 2 Portionen)

200 g Lachsfilet
3 Karotten, zu Spaghetti spiralisiert
1 Teelöffel frischer Zitronensaft
2 Teelöffel Olivenöl
2 Teelöffel Balsamico Essig
1 Knoblauchzehe, klein gehackt
Eine Prise Salz

ZUBEREITUNG

1. Heizen Sie den Backofen auf 180° C vor. Vermischen Sie Zitronensaft, Knoblauch, Olivenöl, Salz und Balsamico-Essig. Wenden Sie den Lachs in dieser Mischung, legen Sie ihn anschließend auf das Backblech.
2. Geben Sie den Rest der Würzmischung zu und grillen Sie den Fisch etwa 7 Minuten im vorgeheizten Backofen. Wenden Sie ihn während des Grillens ein- bis zweimal.
3. Kochen Sie währenddessen die Spaghetti für etwa 6 bis 7 Minuten, bis sie „al dente" sind. Sobald der Fisch gar ist, servieren Sie ihn mit ein paar Spritzern Balsamico-Essig und den Karotten-Spaghetti.

KCAL	EW	KH	FETT	LEVEL
304	29g	5g	18g	leicht

MAHI MAHI AN ZITRONEN-KNOBLAUCH

ZUTATEN (für 2 Portionen)

400 g Mahi Mahi Filet
2 Zucchini, in Streifen spiralisiert
3 EL Zitronensaft
¼ TL Orangenkonzentrat
2 TL Sojasauce
4 EL Olivenöl
1 EL (6 g) geriebener Ingwer
½ Knoblauchzehe, klein gehackt
Salz und Pfeffer

ZUBEREITUNG

1. Dieses Gericht kann selbstverständlich auch in der Pfanne zubereitet werden, da es aber ein leichtes Sommergericht ist, empfehle ich, es zu einem sommerlichen Grillabend zuzubereiten.
2. Marinieren Sie die Zucchinispaghetti in 2 EL Zitronensaft, 2 EL Olivenöl, Salz, Pfeffer und dem kleingehackten Knoblauch. Decken Sie die marinierten Zucchini-Spagnetti ab und stellen Sie es in den Kühlschrank. Bereiten Sie dann für den Fisch aus 1 EL Zitronensaft, Sojasauce, Orangenkonzentrat, Ingwer und dem Rest Olivenöl eine Marinade zu. Legen Sie den Mahi Mahi für 30 bis 40 Minuten ein. Braten Sie die Zucchinispaghetti in 1 EL Olivenöl etwa 3 Minuten an. Stellen Sie sie warm, während Sie den Fisch für etwa 3 bis 4 Minuten grillen oder braten.
3. Der Mahi Mahi, auch als Goldmakrele bekannt, ist ein sehr schmackhafter Fisch, der in subtropischen und tropischen Gewässern unterwegs ist.

KCAL	EW	KH	FETT	LEVEL
522	42g	14g	32g	mittel

FORELLE IM SPECKMANTEL MIT GRIECHISCHEM SPINAT

ZUTATEN (für 2 Portionen)

2 mittelgroße Regenbogenforellen
4 Stängel frischer Rosmarin
4 Streifen Speck
¼ Zwiebel, klein geschnitten
250 g Spinat, tiefgefroren
40 g Schafskäse, zerbröselt
50 g Hüttenkäse
etwas Butter
etwas Salz

ZUBEREITUNG

1 Ritzen Sie in regelmäßigen Abständen Streifen in die Forellen und füllen Sie den Rosmarin hinein. Dann salzen Sie die Fische. Wickeln Sie nun 2 Streifen Speck um jeden Fisch, bedecken Sie dabei so viel Haut der Forellen wie möglich. Befestigen Sie den Speck mit Rouladennadeln oder Zahnstochern. Geben Sie die Forellen auf den Grill, wo sie bleiben, bis der Speck schön kross gebraten ist.

2 Erhitzen Sie die Butter in einer Pfanne. Geben Sie dann die Zwiebel hinzu und braten Sie diese eine Minute an. Fügen Sie nun den Spinat hinzu und garen Sie das Ganze unter gelegentlichem Umrühren für 5 bis 7 Minuten. Geben Sie nun den Hüttenkäse und den Schafskäse zum Spinat und lassen Sie alles weiter garen, bis der Käse geschmolzen ist. Servieren Sie den Spinat zusammen mit den Forellen.

KCAL	EW	KH	FETT	LEVEL
396	57g	8g	19g	leicht

LAMMSTEAKS MIT BLUMENKOHL-TABOULEH

ZUTATEN (für 2 Portionen)

2 Lammlachse à ca. 200 g
1 ½ EL zuckerfreier Ketchup
1 ½ EL Apfelweinessig
1 ½ EL Worcestersauce
1 TL Senf
1 Kopf Blumenkohl, geputzt und zerkleinert
2 Tomaten, geschnitten
1 Stängel frische glatte Petersilie
½ Stängel frische Minze
1 TL Zitronensaft
3 TL Olivenöl
1 Knoblauchzehe, sehr klein gehackt oder gepresst
Salz und Pfeffer

ZUBEREITUNG

1 Geben Sie den zerkleinerten Blumenkohl in eine Schüssel. Fügen Sie die Tomaten, die Minze und die Petersilie dazu und vermischen Sie alles. Würzen Sie mit Pfeffer und Salz. Vermischen Sie nun den Zitronensaft, das Olivenöl und den Knoblauch miteinander. Geben Sie die Mischung über den Salat und vermischen Sie alles miteinander. Lassen Sie das Tabouleh etwa 30 Minuten durchziehen.

2 Verrühren Sie währenddessen den Ketchup, den Essig, die Worcestersauce und den Senf zu einer Sauce. Braten Sie nun die Lammlachse ca. 5 Minuten von beiden Seiten und servieren Sie sie zusammen mit dem Tabouleh.

KCAL	EW	KH	FETT	LEVEL
636	30g	30g	14g	leicht

ITALIENISCHER ROASTBEEF SALAT

ZUTATEN (für 2 Portionen)

160 g frischer Salat nach Wahl
40 g rote Zwiebel, klein geschnitten
¼ grüne Paprika, in Stücke geschnitten
40 ml extra-natives Olivenöl
½ TL Knoblauch, fein gehackt
1 ½ EL Balsamico Essig
½ TL Dijon-Senf
30 g Gorgonzola
115 g Roastbeef
1 EL geröstete Pinienkerne

ZUBEREITUNG

1 Verteilen Sie Salatblätter, Paprika und Zwiebel in eine Salatschüssel. Vermischen Sie das Olivenöl mit dem Knoblauch und geben Sie diese Mischung zum Salat.

2 Vermischen Sie nun Senf und Essig und stellen Sie es beiseite. Geben Sie nun den Gorgonzola in Krümeln über den Salat. Als letzten Schritt geben Sie das in Scheiben geschnittene Roastbeef und die Essig-Senf-Mischung hinzu.

3 Vermischen Sie alles gründlich, verteilen Sie zum Schluss die Pinienkerne auf dem Salat und servieren Sie.

KCAL	EW	KH	FETT	LEVEL
382	23g	9g	29g	leicht

CHILI CON CARNE

ZUTATEN (für 2 Portionen)

300 g Rinderhack
50 g Zwiebel, gehackt
1 Knoblauchzehe
150 g Tomaten, frisch oder aus der Konserve
1 kleine grüne Chili, klein gehackt
1 TL Kreuzkümmel
½ TL getrockneter Oregano
½ TL Kakaopulver, ungesüßt
½ TL Paprikapulver

ZUBEREITUNG

1 Braten Sie das Hackfleisch an, bis es braun ist. Geben Sie dann die übrigen Zutaten hinzu und lassen Sie alles für etwa 30 Minuten zugedeckt köcheln. Nehmen Sie anschließend den Deckel ab und lassen Sie das Gericht nochmal 15 Minuten offen weiter köcheln. Servieren Sie es so oder mit gratiniertem Käse und/oder Sauerrahm.

2 Auf die sonst üblichen roten Bohnen und Mais wird bei dieser Variante aufgrund des hohen Kohlenhydratgehalts verzichtet. Wenn Sie nicht auf Bohnen verzichten mögen, fügen Sie 100 g Sojabohnen hinzu. Was die Gewürze betrifft – Sie können das Chili natürlich nach Belieben schärfer gestalten – mit mehr Chili oder auch Cayenne-Pfeffer.

KCAL	EW	KH	FETT	LEVEL
335	33g	9g	14g	mittel

PIZZA „QUATTRO STAGIONI"

ZUTATEN (für 2 Portionen)

½ Blumenkohl
1 Ei
2 EL Frischkäse
15 bis 20 g Parmesan
3 Scheiben gekochten Schinken
50 g Champignons
50 g Artischocken aus der Dose
½ rote Paprika
Salz
Pfeffer
Oregano

ZUBEREITUNG

1 Bereiten Sie den Blumenkohlreis wie anfangs beschrieben zu, vermischen Sie ihn anschließend mit Frischkäse, Ei, Gewürzen und der Hälfte des Parmesan.

2 Dann streichen Sie die Mischung auf ein Backblech und belegen sie mit Schinken, Champignons, Paprika und Artischocken. Lassen Sie die Pizza bei 180° C etwa 10 Minuten backen. Sie sehen – nicht einmal auf Pizza müssen Sie verzichten!

KCAL	EW	KH	FETT	LEVEL
486	42g	38g	22g	leicht

CREMIGE LACHSSUPPE

ZUTATEN (für 2 Portionen)

10 g Butter
20 g Zwiebel, klein gehackt
15 g Sellerie, klein gehackt
250 ml Crème fraîche
100 ml Gemüsebrühe
200 g Lachsfilet, in Stücke geschnitten
1 TL Zitronensaft
1 Stängel frischer Dill
Salz und Pfeffer nach Belieben

ZUBEREITUNG

1. Zerlassen Sie zunächst die Butter und dünsten Sie Zwiebeln und Sellerie darin, bis die Zwiebel glasig ist.
2. Fügen Sie anschließend die Crème fraîche, die Brühe und den Lachs hinzu. Lassen Sie das Ganze etwa 10 Minuten köcheln.
3. Geben Sie anschließend den Zitronensaft und nach Belieben Salz und Pfeffer hinzu und servieren Sie dann die Suppe mit Dill garniert.

KCAL	EW	KH	FETT	LEVEL
434	32g	6g	54g	leicht

STIFADO – EIN KLASSIKER DER GRIECHISCHEN KÜCHE

ZUTATEN (für 2 Portionen)

400 g Rindfleisch aus der Hüfte, in Würfel geschnitten
150 g grüne Bohnen
1 große Zwiebel, in Stücke oder Ringe geschnitten
1 EL Olivenöl
⅛ L Rotwein
1 EL Sherry-Essig
1 ½ bis 2 Knoblauchzehen, klein gehackt
1 EL Tomatenmark
350 ml Gemüsebrühe
1 Zweig Rosmarin
Salz, Pfeffer, Kreuzkümmel nach Geschmack
eine Messerspitze Zimt

ZUBEREITUNG

1. Erhitzen Sie das Olivenöl in einem Schmortopf und geben Sie das mit Salz, Pfeffer und Kreuzkümmel gewürzte Fleisch hinein. Braten Sie es kräftig an.
2. Geben Sie den kleingehackten Knoblauch sowie Essig und Wein hinzu. Lassen Sie die Flüssigkeit auf etwa die Hälfte reduzieren. Geben Sie dann die Brühe, das Tomatenmark, Rosmarin und Zimt hinzu und lassen Sie alles bei kleiner Hitze 1,5 Stunden schmoren.
3. Schneiden Sie dann die Zwiebel in Stücke oder Ringe und geben Sie sie dazu. Lassen Sie das Ganze weitere 30 Minuten garen.
4. Kochen Sie während dieser Zeit die Bohnen in Salzwasser. Richten Sie alles zusammen auf einem Teller an und servieren Sie.

KCAL	EW	KH	FETT	LEVEL
510	44g	10g	24g	mittel

JAKOBSMUSCHELN MIT SPARGEL

ZUTATEN (für 2 Portionen)

300 g Jakobsmuscheln
8 bis 10 Spargelstangen, weiß oder grün
4 Frühlingszwiebeln
50 ml Olivenöl
50 g Karotten, klein geschnitten
2 TL Sojasauce

ZUBEREITUNG

1 Entfernen Sie vom Spargel das untere Ende, schälen Sie ihn – falls es weißer Spargel ist - und schneiden Sie ihn in 2-3 cm große Stücke. Schneiden Sie die Frühlingszwiebeln in kleine Scheiben.

2 Erhitzen Sie nun das Öl in einer Pfanne oder einem Wok. Fügen Sie dann Muscheln, Karotten, Spargel und Frühlingszwiebeln hinzu.

3 Braten Sie alles so lange, bis der Spargel weich, aber noch bissfest ist und die Jakobsmuscheln durch sind. Rühren Sie nun noch die Sojasauce unter und servieren Sie.

KCAL	EW	KH	FETT	LEVEL
608	30g	26g	40g	leicht

ORANGEN-TEQUILA-STEAK MIT TOMATEN-AVOCADO-SALAT

ZUTATEN (für 2 Portionen)

2 Steaks vom Rind à 200 g
(Sirloin, T-Bone oder Rib-eye)
2 Avocados
4 Tomaten
1 Frühlingszwiebel
1 Knoblauchzehen, klein gehackt
50 ml Zitronensaft
50 ml Limettensaft
1 TL Sojasauce
40 ml Tequila
Chilipulver nach Geschmack
1 TL Sucrilose
1 TL getrockneter Oregano
¼ TL Orangenextrakt
2 EL Olivenöl

ZUBEREITUNG

1. Stellen Sie aus 30 ml Limettensaft, 30 ml Zitronensaft, dem Tequila, Chili, 1 EL Olivenöl, ½ Knoblauchzehe, Sucrilose, Oregano und Orangensaft die Marinade für die Steaks zu. Lassen Sie das Fleisch in dieser Marinade mehrere Stunden durchziehen – bis zu einem Tag.
2. Wenn Sie das Essen schlussendlich zubereiten wollen, fertigen Sie aus 1 EL Olivenöl, 20 ml Zitronensaft, 20 ml Limettensaft, Sojasauce und ½ Knoblauchzehe das Dressing für den Salat zu. Vermischen Sie Tomaten, ausgedrückte Avocado und Frühlingszwiebeln und geben Sie das Dressing darüber.
3. Befreien Sie die Steaks von der Marinade, heben Sie diese aber auf. Grillen Sie die Steaks bei großer Hitze – alternativ braten Sie sie in einer Pfanne scharf an – je nach Dicke 4 bis 6 Minuten pro Seite, wenn Sie es medium wünschen. Nehmen Sie dann das Fleisch vom Grill oder aus der Pfanne, geben Sie die Marinade darüber und servieren Sie es mit dem Salat.

KCAL	EW	KH	FETT	LEVEL
784	70g	28g	46g	mittel

SPARGEL IN SCHINKENRÖLLCHEN

ZUTATEN (für 2 Portionen)

400 g weißer Spargel
2 Scheiben Kochschinken
1 TL Stevia
1 Stange Dill
30 g Basilikum
Zeste einer Zitrone
etwas Salz und Pfeffer

ZUBEREITUNG

1. Schälen Sie den Spargel und schneiden Sie die Enden so weit wie nötig ab. Geben Sie etwas Salz und den TL Stevia in Wasser und erhitzen Sie es. Lassen Sie den Spargel etwa 10 bis 15 Minuten darin garen.
2. Nehmen Sie den Spargel aus dem Wasser, legen Sie ihn auf die Schinkenscheiben und verteilen Sie Zesten und Dill und rollen Sie die Scheiben zusammen. Garnieren Sie mit Basilikum und servieren Sie.

KCAL	EW	KH	FETT	LEVEL
124	9g	10g	5g	leicht

INSALATA ITALIANA

ZUTATEN (für 2 Portionen)

1 kleiner Kopf Römersalat
50 g Pilze, z.B. Champignons oder Steinpilze, in Stücke geschnitten
½ grüne Gurke, in Scheiben geschnitten
¼ rote Zwiebel, klein geschnitten
200 g italienische Salami, in Scheiben geschnitten
200 g Provolone, in Streifen geschnitten
2 Tomaten, in Viertel geschnitten
1 TL Zitronensaft
1 EL extra-natives Olivenöl
Salz und Pfeffer nach Belieben

ZUBEREITUNG

1. Stellen Sie aus Olivenöl, Zitrone, Salz und Pfeffer das Dressing her.
2. Richten Sie dann den Römersalat, die Zwiebel, die Gurke und die Tomaten in einer Salatschüssel an. Geben sie das Dressing darüber und vermischen Sie gut.
3. Braten Sie die Pilze kurz an und geben Sie sie noch lauwarm über den Salat. Fügen Sie als letztes den Käse und die Salami hinzu und servieren Sie.

KCAL	EW	KH	FETT	LEVEL
932	52g	22g	72g	leicht

AUBERGINEN MIT SCHAFSKÄSE ÜBERBACKEN

ZUTATEN (für 2 Portionen)

I große Aubergine oder 2 kleine
300 g Tomaten
I Packung Schafskäse
3 bis 4 Knoblauchzehen
2 Frühlingszwiebeln
2 EL Gemüsebrühe
4 bis 5 EL Olivenöl

ZUBEREITUNG

1 Schneiden Sie die Auberginen in Scheiben und legen Sie sie in eine Auflaufform. Schneiden Sie die Tomaten ebenfalls in Scheiben und verteilen sie diese über die Auberginen. Geben Sie 3 EL Olivenöl darüber. Dann schneiden Sie die Frühlingszwiebeln in Ringe und verteilen Sie ebenfalls in der Form. Hacken Sie den Knoblauch klein und geben Sie auch diesen in die Auflaufform.

2 Anschließend geben Sie die Gemüsebrühe darüber und backen alles bei I50° C für etwa 30 Minuten. Zerbröseln Sie den Schafskäse und geben Sie ihn mit dem restlichen Öl in die Auflaufform. Lassen Sie alles noch einmal I0 Minuten backen. Nun kann serviert werden.

3 Dieses Rezept ist auch sehr lecker mit Zucchini anstatt Aubergine oder mit beiden Gemüsesorten gemischt.

KCAL	EW	KH	FETT	LEVEL
556	I6g	30g	44g	mittel

KLEINE GERICHTE

Die im Folgenden aufgeführten Gerichte können als Zwischenmahlzeit oder auch als Vorspeise verzehrt werden. Und wenn der Hunger zur Hauptmahlzeit nicht so groß ist, geben Sie auch ein leichtes Hauptgericht ab.

THAILÄNDISCHE HÜHNCHENSUPPE

ZUTATEN (für 2 Portionen)

500 ml Hühnerbrühe
250 – 300 g Hähnchenbrust
1 TL Zitronensaft
1 TL Limettensaft
7 g frischer Ingwer, klein gehackt
80 ml Kokosmilch
3 Frühlingszwiebeln
1 TL Chilipaste
1 TL Fischfond
5 g frischer Koriander

ZUBEREITUNG

1 Erhitzen Sie die Brühe. Währenddessen schneiden Sie die Hähnchenbrust in kleine Stücke und geben Sie sie in die kochende Brühe.

2 Geben Sie dann ebenfalls den Zitronensaft, Limettensaft und den klein gehackten Ingwer hinzu. Lassen Sie alles für etwa 20 Minuten köcheln.

3 Geben Sie anschließend die Kokosmilch und die klein geschnittenen Frühlingszwiebeln hinzu und lassen Sie das Ganze noch einmal für etwa 10 Minuten weiterköcheln.

4 Rühren Sie zum Schluss die Chilipaste und den Fischfond unter und servieren Sie die Suppe garniert mit dem klein gehackten Koriander.

KCAL	EW	KH	FETT	LEVEL
324	49g	8g	9g	leicht

SPARGEL MIT AIOLI UND PARMESAN

ZUTATEN (für 2 Portionen)

400 bis 500 g grüner Spargel
1 Ei
3 Knoblauchzehen
eine Prise Salz
1 EL Zitronensaft
100 ml Olivenöl
30 g geriebener Parmesan

ZUBEREITUNG

1 Für die Aioli geben Sie Knoblauch Ei, Salz und Zitronensaft in den Mixer. Mixen Sie alles zunächst ein paar Sekunden, geben Sie anschließend langsam das Öl hinzu und mixen Sie weiter, bis die Aioli die gewünschte Konsistenz hat.

2 Schneiden Sie nun die Enden des Spargels ab und kochen Sie ihn etwa 7 Minuten. Servieren Sie den Spargel mit einem Aioli-Dip und einem Dip nur aus Parmesan. Die Stargelstangen werden zunächst in die Aioli, dann in den Parmesan gedippt. Lecker!

KCAL	EW	KH	FETT	LEVEL
826	38g	14g	70g	leicht

GRIECHISCHER HIRTENSALAT

ZUTATEN (für 2 Portionen)

1 Kopf Salat
1 reife Tomate, in Viertel geschnitten
½ grüne Gurke, in Scheiben oder Stücke geschnitten
½ grüne Paprika
8 griechische Oliven
½ rote Zwiebel
1 Stängel Petersilie
100 g Schafskäse
¼ TL Zitronensaft
1 TL extra-natives Olivenöl
1 kleine Knoblauchzehe, klein gehackt oder gepresst
1 TL frischer Oregano, klein gehackt
Salz und Pfeffer

ZUBEREITUNG

1. Bereiten Sie für den Salat zunächst das Dressing aus Zitronensaft, Olivenöl, Salz, Pfeffer, Knoblauch und Oregano zu.
2. Putzen Sie dann den Salat und verteilen Sie die Blätter in einer Salatschüssel oder einem tiefen Teller. Fügen Sie Paprika und Gurke hinzu und mischen Sie alles gut
3. Verteilen Sie dann das Dressing darauf. Obendrauf kommen anschließend die geschnittenen Tomaten, Oliven, Zwiebeln und der zerkleinerte Schafskäse. Dekorieren Sie den Salat mit der kleingehackten Petersilie und servieren Sie.

KCAL	EW	KH	FETT	LEVEL
262	8g	10g	18g	leicht

Jakobsmuscheln mit Pilzen und Käse

ZUTATEN (für 2 Portionen)

225 g Jakobsmuscheln
1 EL Butter
½ kleine Zwiebel, klein gehackt
½ Knoblauchzehe, klein gehackt
35 g Pilze, klein gehackt
Salz und Pfeffer
60 ml trockener Weißwein
120 ml Crème fraîche
40 g geriebener Käse, Gruyère oder Emmentaler
etwas Guarkernmehl

ZUBEREITUNG

1 Braten Sie die Zwiebel und den Knoblauch in der Butter an, bis die Zwiebel glasig ist. Fügen Sie dann die Pilze hinzu und braten Sie diese, bis sie weich und braun sind

2 . Würzen Sie mit Salz und Pfeffer und fügen Sie dann die Jacobsmuscheln und den Weißwein hinzu. Lassen Sie alles ca. 3 – 4 Minuten köcheln.

3 Nehmen Sie dann die Muscheln und Pilze heraus, lassen Sie die Flüssigkeit aber noch eine Minute weiter köcheln und reduzieren.

4 Rühren Sie dann die Crème fraîche unter. Fügen Sie noch das Guarkernmehl und die Hälfte des Käse hinzu und dicken Sie die Sauce damit an. Servieren Sie die Jacobsmuscheln mit den Pilzen und der Sauce und verteilen Sie vorher noch den restlichen Käse darüber.

KCAL	EW	KH	FETT	LEVEL
598	28g	12g	44g	leicht

SONNENGETROCKNETE TOMATEN UND SPARGEL

ZUTATEN (für 2 Portionen)

½ EL Olivenöl
1 Pfund grüner Spargel
1 TL Butter
1 EL sonnengetrocknete Tomaten, in kleine Stücke geschnitten
½ Knoblauchzehe
1 TL klein gehackte rote Zwiebel
1 TL frischer Zitronensaft

ZUBEREITUNG

1 Schneiden Sie den Spargel in mundgerechte Stücke und stellen Sie ihn beiseite. Bringen Sie Wasser zum Kochen und garen Sie den Spargel so lange, bis er hellgrün, weich, aber noch bissfest ist. Gießen Sie das Wasser ab und stellen Sie den Spargel beiseite

2 . Erhitzen Sie dann die Tomaten, die Zwiebel und den Knoblauch in Olivenöl und Butter, so lange bis die Zwiebel glasig ist. Fügen Sie nun den Zitronensaft hinzu. Geben Sie den Inhalt der Pfanne über den Spargel und servieren Sie.

KCAL	EW	KH	FETT	LEVEL
104	5g	12g	5g	leicht

CHILI-SPECK-BURGER MIT KLEINEM SALAT

ZUTATEN (für 2 Portionen)

300 g Rinderhack
1-2 TL Chilipaste
1 Knoblauchzehe, gepresst
20 g Zwiebel, sehr fein gehackt oder gepresst
4 Streifen Speck
1 TL Olivenöl
½ TL Zitronensaft
½ TL Sojasauce
½ Gurke
½ Paprika, gelb
2 Tomaten
Pfeffer und Salz nach Geschmack

ZUBEREITUNG

1 Bereiten Sie aus Zitronensaft, Sojasauce und Olivenöl das Salatdressing zu. Schneiden Sie Tomaten, Paprika und Gurke klein und vermischen Sie sie. Geben Sie das Dressing darüber und lassen Sie es ziehen, während Sie das Fleisch zubereiten.

2 Vermischen Sie das Hackfleisch mit der Chilipaste, der Zwiebel und dem Knoblauch sowie nach Geschmack Salz und Pfeffer. Braten Sie den Speck kross, lassen Sie ihn abkühlen und zerbröseln Sie ihn dann in sehr kleinen Stücken in die Mischung. Formen Sie nun 4 Burger-Patties. Grillen Sie diese oder braten Sie sie in der Pfanne, dann servieren Sie.

KCAL	EW	KH	FETT	LEVEL
452	40g	12g	24g	mittel

ORANGE-AVOCADO-SPECK-SALAT

ZUTATEN (für 2 Portionen)

100 g Salat nach Wahl
1 Tomate, klein geschnitten
½ Avocado, in Scheiben geschnitten
½ Orange, klein geschnitten
4 Scheiben Speck
¼ rote Zwiebel
2 TL Zitrone
1 EL extra-natives Olivenöl

ZUBEREITUNG

1. Fertigen Sie aus Öl und Zitrone das Dressing an. Verteilen Sie nun die Salatblätter und Tomatenstücke auf einem Teller. Fügen Sie nun das Dressing hinzu. Vermischen Sie es gut.
2. Verteilen Sie anschließend die Orangenstücke, die kleingehackte Zwiebel und die Avocadoscheiben über dem Salat. Braten Sie den Speck kross und fügen Sie diesen als letztes hinzu.

KCAL	EW	KH	FETT	LEVEL
254	9g	15g	18g	leicht

SCHARFE GARNELEN MIT KNOBLAUCH UND PAPRIKA

ZUTATEN (für 2 Portionen)

400 g Garnelen, geschält
50 ml Öl
4 TL Paprika
4 Knoblauchzehen, klein gehackt
4 TL Chilipaste

ZUBEREITUNG

1. Braten Sie die Garnelen etwa 5 Minuten im Öl, bis sie schön rosa sind.
2. Streuen Sie das Paprikapulver darüber und rühren Sie anschließend Knoblauch und Chilipaste unter. Lassen Sie das Ganze für eine Minute einkochen und servieren Sie.

KCAL	EW	KH	FETT	LEVEL
364	34g	4g	24g	leicht

ZUCCHINI-MAIS-PFANNE MIT PARMESAN

ZUTATEN (für 2 Portionen)

I Zwiebel, in kleine Stücke geschnitten
I bis I ½ Zucchini, in Scheiben geschnitten
30 g Maiskörner
I Ei
I TL Olivenöl
40 g geraspelter Parmesan
I Prise Salz

ZUBEREITUNG

1 Kochen Sie die Zucchini für etwa 3 Minuten und verquirlen Sie das Ei. Gießen Sie das Wasser ab, pürieren Sie die Zucchini anschließend mit der Eimasse und stellen Sie das Püree beiseite.

2 Erhitzen Sie dann die Zwiebel in dem Olivenöl, bis sie glasig ist. Fügen Sie die Zwiebel dem Zucchini-Ei-Püree hinzu. Würzen Sie mit etwas Salz und verrühren Sie alles.

3 Füllen Sie dann das Püree in kleine Auflaufformen oder auch Muffinformen. Geben Sie die Maiskörner und den Parmesan oben drauf und backen Sie alles für etwa 30 Minuten. Dann kann serviert werden.

KCAL	EW	KH	FETT	LEVEL
131	7g	10g	7g	leicht

HÄHNCHEN-ARTISCHOCKEN-SALAT

ZUTATEN (für 2 Portionen)

180 g Hähnchenbrust
120 g Artischockenherzen (aus dem Glas oder Konserve), klein geschnitten
50 g Wasserkastanien, in Scheiben geschnitten
15 g Oliven
10 ml Sojasauce
1 EL Olivenöl
1 EL Zitronensaft
60 g Sellerie, klein geschnitten
10 g Butter
40 g Pecan-Nüsse, klein gehackt

ZUBEREITUNG

1 Bereiten Sie aus Zitronensaft, Olivenöl und 5 ml Sojasauce das Dressing zu. Vermischen Sie die restlichen Zutaten, außer Hähnchenbrust, Butter und Pecan-Nüsse.

2 Braten Sie anschließend die Hähnchenbrust scharf an und geben Sie sie über den Salat. Als letzten Schritt rösten Sie die Pecan-Nüsse in der Butter, bis sie knusprig sind und verteilen Sie ebenfalls auf dem Salat. Nun kann serviert werden.

KCAL	EW	KH	FETT	LEVEL
456	32g	9g	32g	leicht

FÜR DIE NASCHKATZEN

HASELNUSS-KRUSTE

Voran stellen möchte ich das Rezept für eine sehr leckere Haselnuss-Kruste, die als Boden für jeden Käsekuchen verwendet werden kann.

ZUTATEN (für eine Kruste)

225 g Haselnüsse
40 g Vanille-Whey-Proteinpulver
55 g zerlassene Butter

ZUBEREITUNG

1 Heizen Sie den Backofen auf 180° C vor. Zerkleinern Sie die Haselnüsse in einem Mixer. Fügen Sie das Vanillepulver und die Butter hinzu. Mischen Sie alles.

2 Geben Sie die Mischung nun in eine Kuchen- oder Auflaufform und stellen Sie diese in den vorgeheizten Ofen.

3 Backen Sie das Ganze für 12 bis 15 Minuten, dann sollte sich die Kruste aus der Form lösen lassen. Nun haben Sie einen wunderbaren leckeren Tortenboden. Lassen Sie ihn abkühlen, während Sie die Füllung herstellen.

KCAL	EW	KH	FETT	LEVEL
1608	58g	21g	152g	leicht

ZITRONEN-VANILLE-KÄSEKUCHEN

ZUTATEN (für 10 Portionen)

450 g Hüttenkäse
2 Eier
115 g Sauerrahm
32 g Vanille-Whey-Proteinpulver
6 g Sucralose
Saft und Zeste von einer frischen Zitrone
1 TL Vanilleextrakt
Haselnusskruste

ZUBEREITUNG

1 Heizen Sie den Ofen auf 190° C vor. Geben Sie den Hüttenkäse, die Eier, den Sauerrahm, das Proteinpulver, die Sucralose, den Vanilleextrakt, den Zitronensaft und die Zeste in den Mixer und mixen Sie alles zu einer einheitlichen Konsistenz.

2 Geben Sie die Mischung anschließend in die vorher angefertigte Haselnuss-Kruste. Backen Sie den Kuchen 30 bis 40 Minuten im vorgeheizten Backofen und lassen Sie ihn dann vor dem Servieren abkühlen.

KCAL	EW	KH	FETT	LEVEL
242	14g	5g	19g	mittel

SUNSHINE-CHEESECAKE

ZUTATEN (für 10 Portionen)

225 g Frischkäse
225 g Hüttenkäse
230 g Sauerrahm
4 Eier
Zeste von 1 Orange
1 EL Orangenextrakt
1 ½ EL Stevia
2 EL Zitronensaft
eine kleine Prise Salz
Haselnusskruste

ZUBEREITUNG

1 Heizen Sie den Ofen auf 190° C vor. Geben Sie den Hüttenkäse, den Frischkäse, die Eier, den Sauerrahm, den Stevia, Zitronensaft, Orangenkonzentrat, Orangenzeste und das Salz in den Mixer und mixen Sie alles zu einer einheitlichen Konsistenz.

2 Geben Sie die Mischung anschließend in die vorher angefertigte Haselnuss-Kruste. Backen Sie den Kuchen 50 Minuten im vorgeheizten Backofen und lassen Sie ihn dann vor dem Servieren abkühlen.

KCAL	EW	KH	FETT	LEVEL
306	19g	8g	26g	mittel

BROWNIES

ZUTATEN (für 8 Brownies)

55 g Bitterschokolade
225 g Butter
1 ½ EL Stevia
12 g Sucralose
2 Eier
65 g Vanille-Whey-Pulver
eine kleine Prise Salz

ZUBEREITUNG

1 Heizen Sie den Backofen auf 180° C vor. Schmelzen Sie in einer Pfanne oder einem Topf die Schokolade und die Butter und vermischen Sie sie gut. Geben Sie die Mischung in eine Schüssel.

2 Fügen Sie nun Sucralose und Stevia hinzu und mischen Sie diese unter. Als nächstes schlagen Sie die Eier hinein und mischen Salz und Vanillepulver unter. Verrühren Sie alles gut.

3 Geben Sie die Mischung nun in eine Kasten-Kuchenform und backen Sie sie für 15 bis 20 Minuten. Nach dem Abkühlen schneiden Sie sie in Stücke und stellen die Brownies vor dem Servieren für ca. 20 Minuten in den Kühlschrank.

KCAL	EW	KH	FETT	LEVEL
191	7g	5g	16g	leicht

MOUSSE AU CHOCOLAT À LA LOW CARB

ZUTATEN (für 6 Portionen)

2 Becher Sahne
80 g Zartbitterschokolade
1 TL bis 1 EL Sucralose (nach Geschmack)

ZUBEREITUNG

1 Zerteilen Sie die Schokolade in kleine Stücke. Erhitzen Sie dann die Sahne, fügen Sie die Schokolade und Sucralose hinzu. Sobald alles gut vermischt ist, stellen Sie die Masse mindestens 2 Stunden kalt.

2 Anschließend schlagen Sie die Mousse mit einem Handrührgerät steif, und fertig ist eine leckere Mousse au Chocolat mit ganz wenig Kohlenhydraten.

KCAL	EW	KH	FETT	LEVEL
46	1g	7g	2g	leicht

LOW CARB-EIS

ZUTATEN (für 2 Portionen)

100 g Obst, tiefgefroren (Erdbeeren, Himbeeren, Blaubeeren, Beerenmix)
60 g Vanilla-Whey-Proteinpulver
Stevia oder Sucrolose nach Geschmack

ZUBEREITUNG

1 Verrühren Sie das Whey-Pulver mit 200 ml Wasser. Geben Sie die Früchte und die Stevia hinzu und pürieren Sie die Mischung. Stellen Sie nun das Eis in das Eisfach oder die Gefriertruhe, es muss dort mindestens eine Stunde bleiben.

2 Wie Sie sehen, müssen Sie auch auf Eis nicht verzichten. Das Rezept ergibt etwa 2 Portionen.

KCAL	EW	KH	FETT	LEVEL
151	19g	11g	2g	leicht

MANDELKEKSE

ZUTATEN (für 20 Kekse)

225 g Butter
25 g Sucralose
1 Ei
260 g Mandelbutter
½ TL Salz
½ TL Backpulver
200 g Vanille-Whey-Proteinpulver
20 Mandeln, geschält

ZUBEREITUNG

1 Heizen Sie den Backofen auf 190° C vor. Machen Sie die Butter mit Hilfe eines elektrischen Mixers weich. Fügen Sie die Sucralose hinzu und mixen Sie erneut.

2 Schlagen Sie nun das Ei hinein, anschließend die Mandelbutter, das Salz und das Backpulver. Fügen Sie nun das Vanillepulver hinzu. Gießen Sie jetzt 30 ml Wasser hinzu und mixen Sie alles gut durch.

3 Streichen Sie nun die Masse auf ein Backblech und formen Sie die Kekse – mit einem Löffel oder einem Ausstecher. Legen Sie in die Mitte jedes Kekses eine Mandel.

4 Backen Sie die Kekse 10 – 12 Minuten, bis sie leicht braun werden. Dieses Rezept reicht für 20 Kekse.

KCAL	EW	KH	FETT	LEVEL
130	9g	6g	8g	leicht

SCHOKOKEKSE

ZUTATEN (für 60 Kekse)

225 g Butter
40 g Sucralose
1 ½ TL Melasse
2 Eier
125 g gehackte Mandeln
130 g Vanille-Whey-Proteinpulver
25 g Haferkleie
1 TL Backpulver
1 TL Salz
125 g gehackte Walnüsse oder Pecannüsse
240 g zuckerfreie Schokoladenchips

ZUBEREITUNG

1 Heizen Sie den Backofen auf 190° C vor. Vermischen Sie die Butter, Sucralose und Melasse mit einem Mixer, bis sie eine cremige Konsistenz erreichen. Fügen Sie die Eier hinzu und verrühren Sie auch diese gut.

2 Vermischen Sie nun in einer Schüssel die gehackten Mandeln, das Vanillepulver, die Haferkleie, das Backpulver und das Salz. Fügen Sie diese Mischung nun der Butter-Melasse-Mischung unter langsamem Rühren hinzu.

3 Wenn alles gut vermengt ist, fügen Sie die Nüsse und Schokoladenchips hinzu. Streichen Sie nun die Masse auf ein Backblech und stechen Sie die Kekse mit einem Löffel oder einem Ausstecher aus. Dann backen Sie sie für 10 Minuten. Dieses Rezept ergibt etwa 60 Kekse.

KCAL	EW	KH	FETT	LEVEL
54	3g	4g	4g	leicht

SCHLUSSWORT

Am Anfang meines Buches habe ich Sie gebeten, noch diesen einen Versuch zu wagen, eine gesunde Ernährungsform zu erlernen, die recht schnell Ihre lästigen Kilos purzeln lässt. Und Sie haben tatsächlich durchgehalten und mein Buch zu Ende gelesen. Vielen Dank dafür! Nun müssen Sie nur noch das Gelesene umsetzen und dabei ebenso gut durchhalten!

Die Low Carb-Ernährungsform wird Ihnen nicht nur helfen, Gewicht zu verlieren, sie wird Ihr gesamtes Leben verändern, sprich verbessern. Denn Sie ist nicht nur sehr effektiv beim Abnehmen, sondern einfach sehr gesund. Sie werden sich körperlich, geistig und seelisch bald deutlich besser fühlen.

Ich wünsche Ihnen viel Spaß beim Ausprobieren und vor allem Guten Appetit!

Sarah Kaiser

BONUS: YOGA

Gewichtsreduktion funktioniert selten allein durch eine Nahrungsumstellung. Viel Bewegung ist ebenso wichtig. Nun soll dies trotzdem ein Ernährungs- und kein Sportratgeber sein, deshalb möchte ich Ihnen ganz zum Abschluss meines Buches noch ein kleines „Zuckerl" anbieten, wie Sie durch eine sehr gesunde Form der Bewegung Ihre Low Carb-Diät unterstützen und schneller Erfolge erzielen können.

Es gibt viele Möglichkeiten, sich mit Bewegung und Sport fit und gesund zu halten. Auf jeden Fall sollten Sie Ihre Low Carb-Diät mit einem geeigneten Sport unterstützen. Ich habe mich vor Jahren dafür entschieden, Yoga zu erlernen und bin bis heute dabei geblieben, weil es mich total begeistert hat.

Yoga ist eine uralte indische Lehre, die zahlreiche Übungen umfasst, die das Ziel haben, zu entspannen und eins zu werden mit dem inneren Ich. Ist Yoga auch ein Sport? Ich würde sagen, es ist eine Mischung zwischen Sport und Meditation. Viele bezeichnen Yoga als „Schummelsport", aber ich kann Ihnen aus eigener Erfahrung sagen, es gibt Übungen, die haben es durchaus in sich und man ist anschließend in Schweiß gebadet. Es gibt etliche Formen von Yoga; und die in unseren Breiten bekannteste ist Hatha-Yoga.

Hier geht es darum, die Grundlagen von Yoga zu erlernen, und mit Hilfe von Techniken, Übungen und Meditation Körper und Geist miteinander in Einklang zu bringen.

Vielleicht wäre Yoga ja etwas für Sie? Ich stelle Ihnen einfach mal ein paar Übungen vor.

Die Kobra

Dies ist eine ideale Übung für Einsteiger. Sie ist sehr effektiv im Training der Bauchmuskeln. Und so geht es: Legen Sie sich mit dem Gesicht nach unten auf den Boden. Ihre Handflächen liegen an Ihren Seiten. Heben Sie Ihren Oberkörper an, während der Bauch fest auf dem Boden bleibt. Schauen Sie für einige Sekunden an die Zimmerdecke, danach entspannen Sie wieder. Wiederholen Sie die Kobra-Pose 5 Minuten lang.

Der Hund

Beginnen Sie, indem Sie sich auf den Boden knien und Ihre Handflächen auf dem Boden aufliegen. Stützen Sie sich dann auf die Handflächen und stellen Sie die Füße fest auf den Boden. Nun bewegen Sie Ihren Oberkörper langsam nach oben, strecken Sie dabei die Beine gerade. Ihr Körper bildet nun mit dem Boden ein Dreieck – Ihr Gesäß ist also nach oben gestreckt. Wenn Sie die Beine nicht strecken können, knicken Sie sie leicht ein. Wichtig ist, dass der Rücken gerade ist. Bleiben Sie ein paar Sekunden in der Pose und begeben Sie sich anschließend wieder in die kniende Position. Wiederholen Sie auch diese Übung 5 Minuten lang. Auch diese Übung ist sehr gut für Ihre Bauchmuskeln.

Der Baum

Stellen Sie sich aufrecht hin, die Hände entspannt an den Seiten. Heben Sie – evtl. mit Hilfe der Hände – nun Ihren rechten Fuß und platzieren Sie ihn an die Innenseite des linken Oberschenkels. Halten Sie Ihr Gleichgewicht. Heben Sie nun die Hände nach oben und vereinen Sie beide Hände über dem Kopf. Atmen Sie tief und entspannt. Nun bringen Sie Ihren Fuß zurück auf den Boden und wiederholen die Übung mit dem linken Fuß. Machen Sie diese Übung abwechselnd 5 Minuten lang.

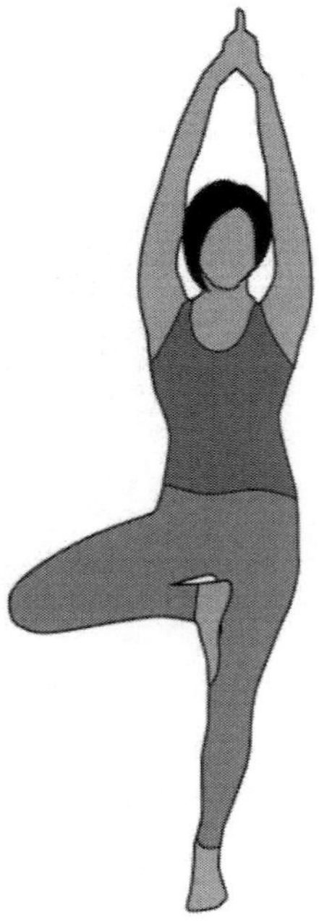

Der Bogen

Legen Sie sich für diese Pose bäuchlings auf den Boden. Heben Sie gleichzeitig Oberkörper und Unterleib an. Bewegen Sie dann Ihre Hände nach hinten und umfassen Sie Ihre Füße. Ihr Körper erinnert jetzt an einen Bogen. Versuchen Sie, Ihre Füße, so weit es geht, in Richtung Kopf zu ziehen. Verharren Sie ein paar Sekunden in dieser Pose, gehen Sie dann zurück in die Startposition. Wiederholen Sie auch diese Übung 5 Minuten lang. Der Bogen ist eine ideale Bauch-Beine-Po-Übung.

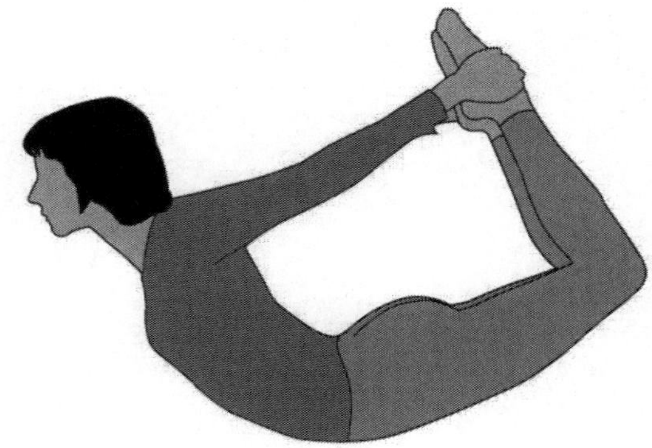

Die Brücke

Legen Sie sich auf den Rücken, die Hände entspannt an Ihren Seiten. Beugen Sie nun die Knie und bringen Sie dabei die Füße so nah wie möglich in Richtung Gesäß. Bewegen Sie nun Ihre Arme hinter den Kopf und platzieren Sie Ihre Hände auf dem Boden in Höhe Ihrer Ohren. Heben Sie nun langsam Ihren Körper nach oben. Verharren Sie einige Sekunden, kehren Sie danach zurück in die Ausgangsposition. Auch diese Übung sollten Sie etwa 5 Minuten lang wiederholen.

LESEPROBE

Gesunde Entscheidungen bezüglich der eigenen Ernährung zu treffen, muss nicht schwer sein und vor allem muss es nicht bedeuten, dass Sie auf etwas verzichten müssen.

Sie müssen nicht morgens um fünf Uhr aufstehen, um Sport zu treiben oder gezielte Übungen in den Tag einbauen, um Stress abzubauen. Ein gutes Wohlbefinden können Sie bereits durch kleine Veränderungen erreichen, die an sich so klein sind, dass Ihnen die Umsetzung gar nicht schwerfallen wird und Sie sich im ersten Moment vielleicht sogar fragen, was eine so kleine Veränderung denn bewirken soll. Sie werden aber schon bald feststellen, dass diese kleinen Veränderungen in ihrer Gesamtheit viele Vorteile in Sachen Wohlbefinden mit sich bringen, sodass Sie diese Veränderungen schon sehr bald als liebgewordene Gewohnheiten hüten werden.

Für viele Menschen hängt das allgemeine Wohlbefinden stark im Zusammenhang mit dem eigenen Gewicht. Das ist sehr häufig der Anstoß für eine Ernährungsumstellung. Da befristete Diäten auf Dauer nicht dazu beitragen, sein Wunschgewicht auch zu halten, ist es empfehlenswerter, seine Essgewohnheiten gänzlich etwas zu verändern und

zugunsten des Gewichts und der Gesundheit nachhaltig anzupassen.

Langfristiger Erfolg entsteht letztlich nur durch Gewohnheiten! Damit aus Veränderungen Gewohnheiten werden können, bedarf es Geduld und Ausdauer. Gleichzeitig ist es aber auch wichtig darauf zu achten, sich immer nur kleinere Veränderungen zuzumuten und neue Gewohnheiten nach und nach zu entwickeln. Es bringt nichts, gleich seinen gesamten Lebensstil von heute auf morgen komplett umzukrempeln. Sollten Sie mit diesem Gedanken spielen, lassen Sie es, Sie werden sich nur selbst damit überfordern. Wenn Sie dann der 180-Grad-Wende nicht gerecht geworden sind, fühlen Sie sich schlecht, weil Sie sich selbst enttäuscht haben und ein Erfolgserlebnis ausbleibt.

Nehmen Sie sich stattdessen einzelne Bereiche vor und führen Sie darin kleine Veränderungen ein, die sich ein paar Wochen Tag für Tag wiederholen und sich so eine Routine schaffen. Auf diese Weise ist Ihre Wahrscheinlichkeit viel höher, dass Sie mit Ihrem Vorhaben Erfolg haben!

Ein Wort, das häufig in Zusammenhang mit gesunder Ernährung gebraucht wird ist Stress bzw. Aufwand. Leider ist es tatsächlich so, dass viele Personen es als (zusätzlichen) müßigen Aufwand empfinden, sich nach einer bestimmten Ernährung zu richten.

Stress und Abnehmen sind in der Tat eine schlechte Kombination. Vielleicht ist es Ihnen auch schon so ergangen, dass Sie sich fest vorgenommen haben, nur noch ausgewogen und vollwertig zu kochen um Ihr Zielgewicht nicht nur zu erreichen, sondern es auch zu halten. Vielleicht haben Sie es dann aber auch erleben müssen, dass Ihnen gerade das Kochen als eine Sache vorkam, für die Sie eigentlich gar keine Zeit haben und die Ihnen eigentlich nur Stress einbringt.

Genau an diesem Punkt möchte ich mit diesem Buch ansetzen.

WORAUF DIESES BUCH HINAUS WILL

Da sie hier keinen Gesundheitsratgeber, sondern ein Kochbuch erworben haben, sollen in diesem Buch natürlich auch die Rezepte im Fokus stehen. Daneben liegt der Schwerpunkt des Buches aber vor allem auf der Thematik stressfreies zeit-optimiertes Kochen.

Der erste Schritt, den Sie dahingehend machen müssen, liegt darin, Kochen und Essen als etwas anzusehen, wofür man sich durchaus auch gerne Zeit nehmen darf und sollte. Um Ihnen diesen Schritt zu erleichtern bekommen Sie in diesem Buch 55 leckerer Rezepte an die Hand, mit denen Sie ganz einfach und schnell gesunde Low-Carb-Gerichte zubereiten können. Auf diese Weise werden Sie sehen, dass Kochen nicht aufwendig sein muss und auch an Arbeitstagen durchaus machbar ist.

Vielleicht sind Sie Low-Carb Einsteiger und es fällt Ihnen noch etwas schwer, Ihre neue Ernährung unkompliziert in Ihren Alltag einzubauen oder Sie sind generell kein erfahrener oder leidenschaftlicher Koch, der sich erst einmal mithilfe schneller und unkomplizierter Rezepte an das selbstständige Zubereiten von Speisen herantasten möchte.

Aber vielleicht sind Sie auch in den genannten Bereichen sehr erfahren und sind einfach nur auf der Such nach schnellen Rezepten, die Sie auch nach einem langen Arbeitstag noch ohne großen Aufwand umsetzen können.

So oder so, ist dieses Buch für Sie geeignet.

Hier und jetzt geht es in erster Linie um Essen und das Kochen, das leider viel zu oft unserem hektischen Lebensstil zum Opfer fällt. Wir arbeiten lange und wenn wir nach Hause kommen, wartet neben der Hausarbeit evtl. auch noch der Partner/die Partnerin oder die Familie, für die ja schließlich auch noch Zeit sein muss. Da liegt die Lösung oft auf der Hand, anstatt noch Zeit ins Kochen zu investieren, lässt man liefern, holt etwas unterwegs oder greift zu Fertigprodukten müssen.

Die Rezepte in diesem Buch benötigen nur minimalen Zeitaufwand. Bis auf einige Ausnahmen dauert die Umsetzung der Rezepte nicht länger als 20 Minuten und Sie erhalten gleichzeitig Hinweise und Tipps, wie weit Sie diese Gerichte schon vorbereiten können, wie Sie Reste am besten lagern und später wieder aufwärmen können. Dazu werden fast keine ausgefallenen Zutaten verwendet und Ihr Einkauf wird somit auch nicht zur zeitintensiven Schatzsuche.

Einige Rezepte überschreiten die genannten 20 Minuten zwar, doch dabei handelt es sich um eine gewisse Anzahl an Basics die Sie in größeren Mengen zubereiten können (Soßen, Dressings, etc.). Da sie diese Basics in mehreren Rezepten verwenden können, lohnt sich der Aufwand, damit Sie auch einen gewissen Vorrat zur Hand haben und es beim Kochen hinterher schnell geht.

Planen, vorkochen und lagern: Das sind die Schlagwörter auf die es bei zeitoptimiertem Kochen ankommt und durch die Sie erkennen werden, dass …

Sarah Kaiser:

Low Carb Frühstück

Das Kochbuch mit 55 einfachen und leckeren Rezepten (fast) ohne Kohlenhydrate

Dieses Buch setzt an, das Ihnen mit zahlreichen Rezepten zeigt, wie toll, abwechslungsreich und lecker ein bewusstes Frühstück sein kann. Schnell und unkompliziert zubereitet,starten Sie energiegeladen in den Tag, ohne von Ihrer Low-Carb Ernährung abrücken zu müssen.

Sarah Kaiser:

Low Carb Abendessen – Das Kochbuch

60 einfache und leckere Rezepte (fast) ohne Kohlenhydrate

In diesem Buch erkläre ich, warum es gerade am Abend so wichtig ist, die Kohlenhydratzufuhr einzuschränken, wenn man erfolgreich abnehmen will. Vor allem aber finden Sie in diesem Buch 60 superleckere Rezepte zum Nachkochen!

Sarah Kaiser:

Das Low Carb Kochbuch

120 vielfältige und leckere Rezepte (fast) ohne Kohlenhydrate

Dieses Buch bietet Ihnen eine Auswahl von 120 Low Carb Rezepten für jede Gelegenheit und für jede Tageszeit! Ausgewogene und vollwertige Mahlzeiten, kleine Naschereien und gesunde Durstlöscher, alles in einem Buch.

8975330R00090

Printed in Germany
by Amazon Distribution
GmbH, Leipzig